nueva europa

4

José María de Areilza

La Europa que queremos

Premio Espasa-Calpe de Ensayo, 1986

Espasa-Calpe

Impreso en España
Printed in Spain

Depósito legal: M-18.894-1986
I.S.B.N.: 84-239-6188-5

Impreso por Graficinco, S. A.
Eduardo Torroja, 8. Fuenlabrada (Madrid)

Índice

Agradecimientos

A los altos funcionarios de Instituciones europeas, que me aconsejaron en el planteamiento y desarrollo de este trabajo.

A mi paisano y amigo José Félix Merladet, estudioso y experto en temas europeos, que cooperó decisivamente en la búsqueda documental y análisis de textos.

A María Gómez, colaboradora incansable en la puesta a punto de los originales de la obra.

«Rigen el mundo del espíritu no los forjadores sino los repartidores de ideas.»

Miguel de Unamuno, *El Liberal,* 1 enero 1914

«Europa es al fin de todo la que tiene que salvar a los hombres. Pero con una salvación ética.»

Jorge Luis Borges

PRÓLOGO

Tomo la pluma para escribir estas líneas de introducción a mi propio libro. ¿Habrá nadie que sepa atinar una crítica de sí mismo con tanto rigor como el autor? Nadie conoce mejor los puntos débiles, las flaquezas y los flancos inacabados que en todo empeño humano se contiene, como aquél que se lo propone. Este es un libro de exposición de datos históricos y de enumeración de propósitos futuros. He querido mostrar con objetividad el proceso de la lenta y difícil construcción europea, desde sus orígenes remotos a partir del término de la segunda guerra mundial. Un breve capítulo inicial resume los intentos de unidad europea que precedieron, en la década de los años veinte, a los que se empezaron después de 1945. En la primera posguerra, los pioneros de la idea, los Stressemann, los Briand, los Coudenhove Kalergi, los Kayserling, los Madariaga, se encontraron con la oposición creciente y apasionada de los nacionalismos belicistas y revanchistas que dieron al traste con el proyecto.

La segunda guerra mundial se convirtió, como consecuencia de todo ello, en una tragedia inevitable para Europa. Desde el Congreso de La Haya de 1949, cuna y origen de las primeras instituciones europeas, hasta la cumbre de Luxemburgo, han transcurrido treinta y cinco años. El escepticismo inicial de muchos, no ha podido vencer al entusiasmo y la tenacidad de unos pocos. Bien es verdad que el proceso unificador no ha llegado todavía a la meta final propuesta. Y que la crisis de 1973 yuguló la *prosperidad y el «*full-employment*» de los que disfrutó la Europa comunitaria, desencadenando las alarmantes y crecientes cifras del paro en el Viejo Continente. Los europesimistas lanzaron de nuevo con ese motivo las campanas al vuelo. «No habrá Europa unida», exclamaban, como si de un jubiloso acontecimiento se tratara. Pero los hechos han sido más elocuentes que la demoledora crítica. El colectivo comercial de la CEE, es el primero del mundo en cifras absolutas. La necesidad de unificar los criterios de los Diez, en materia de política internacional ha resultado cada vez más urgente y necesaria. Los puntos de vista del gran aliado norteamericano en el escenario mundial no son obligadamente idénticos, a los de los socios europeos de la Alianza. Las naciones exhaustas, arruinadas, endebles y empobrecidas de 1945, se han convertido al cabo de treinta años en un conjunto de países fuertes, de economía potente, de alto nivel de vida y de progreso tecnológico indiscutible. Todo esto es evidente y tangible, aunque los problemas económico-sociales de cada nación estén presentes con sus planteamientos apremiantes cotidianos y difíciles.*

En ese conjunto de naciones hemos entrado como socios a parte entera y con pleno derecho. Ha sido muy largo el «tempo» negociador, retraso debido en gran parte a la dimensión importante de nuestras cifras macroeconómicas. Una vez dentro de la Comunidad, hemos de prepararnos para adecuar nuestro tejido económico-social; nuestro armazón jurídico; y nuestros procesos productivos agrarios e industriales a las exigencias y normativas de la Comunidad a la que pertenecemos. Ser «europeo» no significa otra cosa que ser «español» de nuestro tiempo, aceptando los muchos y arriesgados avatares del cambio instrumental que caracteriza a la nueva etapa de la revolución tecnológica.

En este libro no trato de puntualizar los mil y un aspectos de esa modernización obligada; ni de examinar la defensa legítima de nuestros intereses, para que se haga más llevadero y menos perjudicial el acoplamiento hispano-comunitario previsto en el tratado. Nuestro país dispone de dos comisarios presentes en la mesa ejecutiva de Bruselas. De sesenta euro-diputados en el Parlamento europeo y de nuestros ministros en las comisiones. Habrá asimismo centenares de funcionarios españoles en el denso escalafón eurócrata. Nuestros «dossiers» estarán por consiguiente en manos expertas, sin necesidad de que se expresen aquí, ni opiniones, ni consejos sobre esos temas.

En las páginas que siguen, quiero exponer algo distinto al lec-

tor español de 1986. Deseo reflexionar sobre los múltiples y vitales aspectos de la construcción europea; es decir, del proyecto de levantar un edificio comunitario que englobe los intereses de la Europa occidental y los haga progresar de forma visible. Para ello se examinan múltiples aspectos de esa deseada construcción desde que empezó a levantarse: económicos, sociales, tecnológicos, industriales, defensivos, educacionales y culturales. Muchas personalidades europeas de relevante dimensión han dedicado durante los últimos veinte años sus estudios a esas perspectivas del futuro continental. En lo que concierne a la edificación de esa Europa unida, está dicho o pensado casi todo. La bibliografía es exhaustiva y abundantísima. Ha faltado, hasta ahora, el ímpetu y la tenacidad en la clase política, para lograr los últimos avances necesarios. Es decir, que carecemos todavía de la voluntad explícita de seguir adelante, en pos de una Confederación europea, cuya silueta se adivina en el mañana, todavía como una posibilidad, pero de credibilidad suficiente en cuanto a sus alcances y extensión finales.

Los españoles debemos llevar al seno de las instituciones de la Comunidad, nuestras ideas y criterios sobre este capítulo próximo, que podíamos llamar «constituyente». Europa se halla en una etapa de su vida en la que se palpa la inminencia de una cristalización de novedades institucionales. En este libro se analizan algunas de ellas y se comenta su relación con la realidad española. Mi ensayo lleva por título ***La Europa que queremos****, locución voluntarista que a algunos pudiera parecer excesiva. No quiero en ningún caso arrogarme una representación de la que carezco, para proponer una solución determinada con preferencia a otras. Comento las varias iniciativas que se han barajado, últimamente, en el seno de la Comunidad y aquellos puntos que considero neurálgicos y necesitados de una apremiante solución. También creo oportuno establecer algunas salvedades y reservas, en orden a conservar determinados «modos de vivir» del español, y talantes específicos de nuestro pueblo.*

La Europa que queremos *no es, ni quiere ser un programa europeísta de adscripción ideológica determinada. Europa es, como bien se sabe, pluralidad y coexistencia de opiniones dentro de la libertad civilizada. Tolerancia y diálogo son las características del espíritu europeo. Es decir el ensayo y el error como instrumentos del progreso científico. A ese clima abierto pertenece la intención de este trabajo.* ***La Europa que queremos*** *es precisamente ésa: la de escuchar la diversidad de las opiniones y anali-*

zar sus contradicciones. Europa ha sido, en su historia, un largo tejer y destejer, de crisis y de síntesis. De muertes aparentes y de resurrecciones vitales. Eso hizo la grandeza de Europa y ése es su riesgo y su ventura ante el porvenir. Un español fue el primero que empleó el vocablo «europeos» en un texto del año 732, comentando la batalla de Poitiers, en la que las tropas de Carlos Martel contuvieron la avalancha islámica que llegaba desde el Sur. Un monje de la España, medio sumergida, de aquellos años, escribió en un códice contemporáneo suyo que los soldados «europeiensis» habían hecho posible la victoria. No se conoce el nombre del inventor de la palabra. Sólo sabemos que fue un español el que acuñó ese vocablo, que hoy estrenamos de nuevo con orgullo.

Capítulo 1

De la Sociedad de Naciones al Congreso de La Haya

«Llegará un día en que vosotras todas, naciones del Continente, sin perder vuestras distintas cualidades, ni vuestras gloriosas individualidades os fundiréis estrechamente en una nación europea.»

VÍCTOR HUGO

1.–De la Sociedad de Naciones al Congreso de La Haya

La posguerra mundial de 1918 hizo aparecer en el escenario político europeo diversos movimientos de unificación continental. El conflicto europeo, iniciado en 1914, como un choque nacionalista de revanchismos fronterizos y de rivalidades coloniales y comerciales, dio lugar, finalmente, a un enorme desgarrón moral en el tejido social y político del viejo mundo. Hasta entonces existía entre beligerantes europeos un consenso tácito que trataba de buscar equilibrios de poder en el contexto general del Occidente. Las guerras terminaban casi siempre en conferencias de paz en las que se tenía en cuenta el delicado sistema de las fuerzas contrapuestas que aunque salieran de los conflictos bélicos como vencedoras o como vencidas, pertenecían, en último término, a un conjunto que mantenía una soterrada concordia moral en sus fines y propósitos.

Ortega y Gasset llamó a ese espíritu europeo un «repertorio» de hábitos; de criterios y de modos de vivir que sobrenadaron por encima de las interminables guerras de religión y de las disputas dinásticas que ensangrentaron el suelo de Europa sin interrupción desde el siglo XVI. El vendaval napoleónico terminó en el Congreso de Viena que fue el supremo remendador de las heridas y de las sustanciales modificaciones causadas por el expansionismo mesiánico de Bonaparte. La guerra franco-prusiana de 1870 resultó ser el choque frontal entre dos Imperios. El uno, que se derrumbó y el otro que nació, simbólicamente, en el Palacio de Versalles asentado sobre la derrota militar de su rival. Pero Bismarck siempre tuvo en la cabeza las coordenadas del mosaico europeo, como norma obligada en la que el diseño del tablero mandaba tanto, como la voluntad de los jugadores.

Lo ocurrido en el Versalles de 1919, fue algo espectacularmen te diferente. Tres grandes Imperios dinásticos –el Austria de los Habsburgo; la Alemania de los Hohenzollern; y la Rusia de los Romanoff, desaparecían del mapa europeo para siempre. El principio de las nacionalidades y el derecho de autodeterminación hicieron acto de presencia abrumadora en el diseño de los nuevos mapas europeos. Las minorías étnicas y culturales que cambiaban de lugar, sujetas a nuevas soberanías, iban a convertirse en un fenómeno de radicales consecuencias y en un semillero de conflictos y violencias interminables. Los imperios coloniales fueron también reajustados en su reparto y los primeros movimientos independentistas se dieron con ello, a conocer. Los Estados Unidos que habían intervenido decisivamente en la contienda, hicieron un primer ensayo histórico de participación militar y política en los conflictos europeos con lo que iban a continuar hallándose presentes en la segunda guerra mundial y hasta nuestros días. Aunque el internacionalismo del presidente Wilson quedara derrotado por el sector aislacionista del Congreso norteamericano, poco después de la firma del Tratado de Versalles.

Junto a todo ello, había surgido en 1917 en el panorama internacional un fenómeno novedoso: la clase trabajadora, protagonizada por el sector de los bolcheviques rusos y bajo el mando e inspiración de Lenin, había asaltado el poder en San Petersburgo y fundado el Estado de la Unión Soviética. Era éste un hecho revolucionario, sin precedentes y que abría perspectivas inéditas para el futuro. Ello provocó una ola de temor y de reacciones políticas y sociales en el conjunto de los pueblos occidentales. Los fascismos y las dictaduras militares brotaron en gran número en esos años en las naciones de Occidente. Mientras tanto el comunismo internacionalista cobraba una creciente importancia en el escenario mundial.

Las dos grandes naciones protagonistas del drama bélico de 1914, Francia y Alemania, tuvieron en 1926, a Arístides Briand y a Gustavo Stressemann, de ministros respectivos de Asuntos Exteriores en sus gobiernos. Ambos políticos temían la reproducción de las circunstancias que hicieron posible la guerra de 1914. Los dos hombres de Estado deseaban buscar un terreno que fuera propicio a la reconciliación franco-alemana; al retroceso del nacionalismo fanático; y a la seguridad europea, propugnando a la vez el desarme y el pacifismo. La Sociedad de Naciones residía entonces en Ginebra y fue allí donde los dos personajes prepararon el lanzamiento del proyecto de unos Estados Unidos de Europa, a base de un pacto federal y con el propósito de buscar en él, un sólido apoyo para el logro de la superación de los nacionalismos belicosos.

La propuesta de Briand apoyada por Stressemann, logró una mayoría de votos favorables en el seno de la Asamblea de Sociedad de Naciones y pareció ponerse en marcha, a través de una comisión encargada de llevar adelante el proyecto. Sin embargo tal empeño fracasó totalmente, al cabo de unos meses; acaso porque los textos presentados no habían sido previamente negociados y eran producto del esfuerzo imaginativo de un solo país y quizás del pensamiento de un solo hombre, Briand. Todavía logró el político francés firmar el Tratado de Locarno y el pacto con Kellog que prohibía la guerra como medio de solucionar los conflictos internacionales, pero el propósito de federar los Estados de la Europa unida quedó abandonado. Briand salió al poco tiempo del gobierno de París y Gustavo Stressemann falleció en su país, dejando un vacío insustituible en la Alemania de la República de Weimar.

En el comienzo de los años treinta, empezó a cernirse sobre Europa el espectro de la crisis económica mundial desencadenada en Estados Unidos, unos meses antes. El paro y el estancamiento económico hicieron acto de presencia agravando en términos alarmantes la deteriorada situación social. Con ello el camino estaba abierto para las demagogias de la derecha y de la izquierda. Y para la aparición del nacionalismo revanchista y militar. La fulgurante carrera de Hitler y del nazismo hacia el poder, contrastaba con la flaqueza y el desánimo de los gobiernos de las democracias occidentales. La segunda guerra mundial estaba gestándose a marchas forzadas. Europa iba a convertirse otra vez en un sangriento campo de batalla.

Al terminarse esta segunda guerra mundial en abril de 1945, parecían existir razones objetivas para caer en un «europesimismo» total. Miles de ciudades destruidas; decenas de miles de industrias arrasadas; cientos de miles de gentes hambrientas errantes y sin techo. Los transportes del Continente en situación crítica y las enormes fuerzas convencionales del ejército soviético vencedor, desplegadas desde el Elba hasta Trieste, sin observarse en el dispositivo, síntomas desmovilizadores.

En medio de ese ambiente de angustiosa incertidumbre aparecieron de nuevo los movimientos europeístas, esta vez con gran fuerza de arrastre popular. Les unía un común deseo de renunciar al sistema del «Estado-nación» que había sido una de las claves de la historia política europea, pero que se había revelado, a su vez, como un trágico semillero de conflictos armados a los que alguien llamó con acierto «las guerras civiles intereuropeas». Los europeístas querían una Europa federada, depositaria común de las soberanías parciales. En esa floración de tendencias europeístas cabe recordar a los «federalistas» cuya punta de lanza eran los resistentes holandeses, surgidos durante la ocupación nazi y en la que se integraron militantes de la más varia condición y origen. Pedían estos hombres una comunidad europea federal como etapa previa a una «Unión Mundial», inserta en el cuadro de las Naciones Unidas y abierta a todos los pueblos de Europa. Ello cristalizó en la formación de la «Unión Europea de federalistas» en la que además de personalidades como Brugmans, Salinger, Bauer y Nord, también se incorporaron otras figuras como Alexandre Marc y Denis de Rougemont. El «Movimiento socialista por la Europa unida» agrupó a su vez un importantísimo colectivo de socialistas europeos entusiastas del proyecto federal.

Por su parte, el conde de Coudenhove Kalergi, veterano luchador del paneuropeísmo desde los años veinte, escribió a cuantos parlamentarios europeos le parecían susceptibles de sostener sus tesis. De los cuatro mil encuestados, respondió el 40 por 100, en su mayoría de forma positiva. Así nació la «Unión Parlamentaria Europea» bajo la presidencia de Georges Bohy. En Londres fue el propio Winston Churchill quien fundó el (UEM) «United european movement», que dirigió Duncan Sandys. En Francia apareció el «Conseil Français pour l'Europe Unie» que presidían Raoul Dautry y René Courtin.

Los empresarios y banqueros se agruparon en la «La Liga de Cooperación Económica» con Van Zeeland; Daniel Serruys y Ugo la Malfa. También intervienen en el proceso, prohombres británicos conservadores como Mac-Millan, Harrod y Butler. La democracia cristiana, a su vez, se decantó hacia los llamados «Nuevos Equipos internacionales» que impulsaban Augusto de Schrijuer y Robert Biche.

En total concurrieron más de ochocientos delegados al que luego se llamó «Congreso de La Haya». Cifra considerable dadas las circunstancias. En medio de los escombros y de la miseria de la posguerra surgía de las entrañas europeas, una gran sacudida de fe y de esperanza. Fernand Braudel escribió que la historia de Europa «era a la vez perplejidad, confusión y esplendor. Europa es infierno y paraíso». Después de los años infernales, si no el paraíso, sí aparecía un gran movimiento nacido, en parte, en la clandestinidad de las naciones ocupadas. El Congreso empezó por lograr un consenso entre las fracciones ideológicas dispares: «Federalistas» y «socialistas»; y «Nuevos equipos» y la «Liga de Cooperación económica.»

Al Congreso acudieron figuras europeas independientes como Etienne Gilson; Raymond Aron, Anthony Eden, Paul Ramadier y entre los españoles, Salvador de Madariaga, Indalecio Prieto, Enrique Gironella y José Antonio Aguirre, así como un total de doscientos cincuenta periodistas (1).

La presencia de la delegación alemana fue recibida con recelo y cortesía. Había entre ellos, muchos alemanes resistentes que sobrevivieron a los campos de concentración como hizo notar Konrad Adenauer al presentarlos. La frase que hizo fortuna en el Congreso fue la de que «después de la paz de los generales iba a lograrse la paz de los civiles». Una breve ojeada a la sucesión de acontecimientos ocurridos en Europa en los años de la inmediata posguerra, nos dan una idea de hasta qué punto influyeron esos hechos, decisivamente, en las consecuencias del Congreso de La Haya.

En 1946, Winston Churchill había formulado en un discurso pronunciado en Fulton (MIssouri) la tesis de que había caído un «telón de acero» sobre Europa, dividiéndola irremediablemente en dos bloques ideológicos rivales o quizás hostiles. «De Stettin a Trieste» según dijo. Curiosamente –o acaso deliberadamente– empleó la misma concisión geográfica que Carlos Marx cuando cien años antes, escribió en un periódico norteamericano, que el expansionismo del zar no se detendría hasta llevar las fronteras del imperio ruso «de Stettin a Trieste».

En 1947, y en ese mismo año, en diciembre, pronunció asimismo, Churchill, la célebre alocución de Zurich en la que de-

(1) En el Congreso de La Haya se acordó entre Aguirre y Madariaga formar el «Consejo Federal español del Movimiento europeo» en el que tomarían parte los grupos catalán y vasco. Este consejo se fundó el 8 de febrero de 1949 en la delegación del Gobierno Vasco en París. La primera Junta directiva fue integrada por Madariaga, Llopis, Just, Pi y Suñer, Irujo y Lasarte.

M. de Irujo, «*Alderdi*», 168-1961, «El Presidente Aguirre y el Movimiento europeo».

fendió la necesidad de construir los «Estados Unidos de Europa». Pidió para ello la colaboración de los ciudadanos de todas las naciones del Continente para organizar la «Europa de la libertad». El presidente Truman estableció en ese mismo año la «doctrina» de su nombre para justificar la ayuda militar a Grecia y Turquía contra la guerrilla comunista. Poco después, George Kennan, desarrolla esta doctrina llamándola la teoría estratégica de la «contención».

El expansionismo comunista de Stalin iba ocupando sucesivamente, los gobiernos de los países que habían quedado al Oeste de la fronteras de Yalta con la excepción de Yugoslavia y Albania.

En febrero de 1948 había tenido lugar el golpe de Estado de Praga, el más espectacular de todos porque suponía una respuesta directa al Plan Marshall, ofrecido por los Estados Unidos a los países del Este, que quisieran acogerse a él. Checoslovaquia había aceptado la ayuda y se vio obligada a rechazarla. Y en junio de 1948, tuvo lugar el comienzo del bloqueo soviético de Berlín.

Es decir que la tensión Este-Oeste iba subiendo por momentos en el curso de esos cuatro años. Con ello se logró algo más, que resultó sorprendente para muchos observadores: el explícito y público apoyo de los Estados Unidos a la idea de una integración europea. Empezó por decir John Foster Dulles –el que había de ser el ideólogo de la diplomacia de la guerra fría– en 1947, en Nueva York, que «la unificación de Europa era importante para los intereses de los Estados Unidos». Y el senador Fullbright, espoleado por las peticiones de Coudenhove Kalergi hizo aprobar una moción en el Congreso americano en la que por *unanimous consent,* se apoyaba la eventual formación de unos «Estados Unidos de Europa» en el marco de las Naciones Unidas. Eran estas declaraciones del senador, un tanto utópicas y de intención propagandista. Porque el proceso real de la operación no estaba en Norteamérica, sino en las naciones de Europa. Y no era el Capitolio de Washington el que debía realizar el milagro de aunar voluntades sino los múltiples, complejos y diversos parlamentos europeos. Pero aun así, es interesante recordar ese antecedente.

El Congreso de La Haya se reunió por fin en mayo de 1948, tres meses después del golpe de Praga y en un clima de gran fervor político. Yo he hablado con algunos supervivientes de aquella histórica reunión y les he visto emocionarse después de transcurridos treinta y ocho años, al describir el clima en que se desarrollaban las sesiones y el interés apasionado con que se escuchaban los discursos de los oradores.

El Congreso de La Haya fue el punto de partida de la construcción de la Europa de las instituciones. Se dividieron los trabajos en tres comisiones. La Cultural la presidió Salvador de Madariaga cuyo prestigio fuera de nuestras fronteras era inmenso y sobre el que se vertían en aquellos años, continuos ataques en la prensa oficial española. Madariaga realizó una paciente y habilísima labor para allanar las diferencias ideológicas, tanto en el terreno de las raíces cristianas de la cultura europea que eran atacadas por Bertrand Russell y el sector más radical; como en el empeño de limar los excesos del nacionalismo que aún se hacía notar entre delegados de distintos países. Madariaga propuso la elaboración de una «Convención sobre los derechos del hombre» y la creación de un Tribunal Supremo europeo que protegiese la vigencia de esos derechos.

La Comisión política presidida por Raul Ramadier, planteó la iniciativa de convocar una Asamblea constituyente europea elegida por el sufragio universal directo de los ciudadanos. Gran Bretaña se opuso a esa iniciativa por considerarla prematura. Las discusiones fueron de gran viveza y seguidas con interés por los delegados y por el público invitado. En total más de mil personas. Finalmente se acordó la convocatoria de una Asamblea parlamentaria elegida o designada por los parlamentos nacionales para redactar un plan de unión europea y examinar sus consecuencias.

La tercera Comisión era la económica y social presidida por Van Zeeland. Se dieron en ella las mayores batallas dialécticas entre socialistas y liberal-conservadores. Se acordó introducir en el preámbulo de los acuerdos logrados, un importante párrafo en el que se recogía la petición de los sindicatos y en el que se estipulaba que «los trabajadores y sus organizaciones representativas serán asociados a la creación y desarrollo de la economía de la Europa unida». Los sindicatos también expresaron su tendencia a participar en la gestión de las empresas.

Las sesiones del Congreso de La Haya tuvieron gran repercusión en la opinión pública. Se pensó que era una respuesta europea al peligro del imperialismo de Stalin. La creación de la Alianza Atlántica fue una secuela de este Congreso que cristalizaría en realidad un año más tarde. En La Haya se dieron cita gentes que procedían de diecinueve países europeos, entre los cuales se hallaban doce ex jefes de gobierno, más de veinte ministros de distintas naciones, un centenar de parlamentarios y personalidades de la cultura, de las Iglesias, de las Universidades y del mundo sindical.

En La Haya se puso de relieve la solidaridad profunda de cuantos lucharon en la clandestinidad contra la tiranía impuesta por la ocupación nazi y también la necesidad de mantener esa solidaridad en torno a un ideario supranacional que comportaba a largo plazo la cesión parcial de soberanía. Este fue un aspecto neurálgico del proceso. A pesar de la inevitable improvisación de una reunión de esta índole se lograron notables acuerdos. En primer lugar, en la asamblea, se propugnó una doctrina nueva en orden a la integración europea con un necesario ritmo lento en el camino de la federación. También fue decisivo el acuerdo de convocar una Asamblea europea de parlamentarios designados por los parlamentarios respectivos, lo cual facilitaba grandemente los trámites previos ya que de haberse acordado el sufragio universal directo para su elección, se hubiera tropezado con obstáculos insuperables (2).

Por otra parte se creó un «Comité de estudios sobre la Unión Europea» constituido por los cinco países firmantes del Tratado de Bruselas (Gran Bretaña, Francia y el Benelux), tratado que como es sabido fue la génesis directa del Tratado de Washington que vio nacer la Alianza Atlántica en 1949.

Los acuerdos de La Haya no cayeron en el vacío y la elaboración y aprobación del proyecto definitivo que allí se discutió tuvo lugar un año después, el 5 de mayo de 1949, en Londres. Suscribieron el Tratado, diez Estados europeos. Benelux, Francia, Gran Bretaña, Dinamarca, Italia, Noruega y Suecia. Unos meses después lo firmaron Grecia y Turquía. Islandia lo hizo en 1950 y la Alemania Federal en 1951. El Tratado de Londres constituía el llamado «Consejo de Europa» y le otorgaba un Estatuto que sigue vigente en el día de hoy. Fue el inicio de la construcción europea y el primer organismo internacional dotado de un órgano parlamentario multinacional. El Consejo agrupa hoy día, a veintiuna naciones miembros. Y tres países observadores. De todas las instancias internacionales es la que acoge al mayor número de democracias plurales en su seno.

---

(2) Para el conocimiento más detallado del Congreso de La Haya y de sus interioridades y forcejeos entre bastidores, puede consultarse el libro de Jean A. Pirlot, *Symphonie Europe,* Robert Laffont-París, 1984.

Capítulo 2

El Consejo de Europa

«La finalidad del Consejo de Europa consiste en realizar una Unión más estrecha entre sus miembros para salvaguardar y promover los ideales y los principios que constituyen su patrimonio común y favorecer su progreso económico y social.»
Art. 1.º del Tratado de Londres de 5 de mayo de 1949 que crea el Consejo de Europa.

«El Consejo de Europa» es un instrumento eficaz de la cooperación intergubernamental. Corresponde a los gobiernos de los Estados Miembros servirse de él para mayor ventaja de sus pueblos.»

FRANZ KARASEK

2.–El Consejo de Europa

Decíamos que el resultado más importante del Congreso de La Haya fue la fundación del Consejo de Europa. Fruto inmediato del Congreso resultó, en efecto, la formación de un llamado «Comité para el estudio de la unidad europea» que presidió Edouard Herriot, el político radical francés. En el seno de ese Comité se discutió apasionadamente cuál era el mejor camino hacia la unificación continental. La tesis apoyada por Francia y el Benelux se inclinaba a convocar una Asamblea europea que deliberara sobre el asunto y tuviese una cierta soberanía en su seno. La posición británica era opuesta a esa tesis y propugnaba la designación de un Consejo europeo formado por delegados de los gobiernos que funcionara solamente durante un plazo de cinco años.

De estas dos posiciones antagónicas se hizo finalmente una síntesis transaccional que fue el proyecto de Estatuto del Consejo de Europa formado estructuralmente por una Asamblea parlamentaria y un Comité de Ministros.

El Tratado de Londres tiene un preámbulo y cuarenta y dos artículos. El artículo primero explica la finalidad de la nueva Institución: «realizar una unión más estrecha entre sus miembros para salvaguardar y promover los ideales y los principios que constituyen su patrimonio común y favorecer su progreso económico». Junto a ese propósito de carácter general aparece en el mismo artículo una alusión bien clara a lo que iba a ser la característica más identificadora de la nueva institución: «la salvaguardia de los derechos del hombre y de las libertades fundamentales».

Es importante mencionar aquí lo que de insólita tenía esta definición ideológica en momentos en que el brutal realismo de las relaciones del poder militar parecía imponerse en la Europa recién salida de la guerra. Pero fue eso lo que hizo necesario apelar al idealismo para inyectar un contenido coherente a tantos países incorporados al Consejo. Pierre Pflimlin, uno de los «padres» del europeísmo institucional y actual presidente del Parlamento europeo, señalaba «que había que organizar Europa sobre unos principios cuya monstruosa violación por los sistemas totalitarios había engendrado la catástrofe bélica. Y si Europa se hallaba cada vez más rotundamente dividida, era por razón de esa fractura, que además de militar era doctrinal, y requería una adecuada respuesta ideológica». La batalla dialéctica frente al expansionismo estalinista no se podía plantear con éxito sin el armazón intelectual de una doctrina apoyada en la primacía del Estado de derecho y en la protección adecuada de las libertades democráticas. La «Convención europea de los derechos humanos» fue el primer resultado espectacular y de largo alcance que produjo el Consejo de Europa.

En el terreno de la cooperación internacional, el Consejo ha propiciado más de cien convenciones sobre un variado muestrario de temas, políticos, judiciales, culturales y sociales de desigual importancia. La mayor parte de esas convenciones han ido integrándose en el derecho positivo de los países miembros a pesar del carácter no vinculante de esos instrumentos.

El Comité de Ministros es el órgano competente para actuar en nombre del Consejo de Europa. Pero no tiene un verdadero poder de decisión sobre los Estados miembros. Es en realidad una conferencia diplomática de ministros de Asuntos Exteriores que se reúnen un par de veces al año y aprueban sus decisiones casi siempre por unanimidad. Los llamados Representantes o Delegados permanentes son los que cuidan del funcionamiento regular del Comité y celebran reuniones con una frecuencia periódica más apretada.

La Asamblea parlamentaria, llamada así desde 1974, está formada por diputados y senadores de los parlamentos nacionales, designados según ciertas normas proporcionales. Es independiente en sus actuaciones. Tiene una gran libertad de iniciativa y funciona esencialmente a base del trabajo de las Comisiones entre las que la llamada «Comisión política» destaca por su importancia. Los 170 miembros de la Asamblea pueden formular recomendaciones al Comité de Ministros o recibir de éste el encargo de formularlas. Pero no tiene poder decisorio, ni puede hacer responsable ante ella y sus votos a los acuerdos del Comité de Ministros como si fuera un parlamento europeo. Este recorte sustancial de facultades supuso un retroceso de las ideas discutidas en el Congreso de La Haya y dio lugar a la formulación de las locuciones de la «Gran Europa» (de los 21) y la «Pequeña Europa» (de los Seis).

En 1950 el Plan Schuman del que me ocupo en el capítulo siguiente, consolidó esta distinción. Los seis Estados segregados por ese Plan se articularon por un procedimiento para establecer acuerdos parciales entre los países miembros. Así se hicieron posibles, como luego veremos, la CECA y la CEE.

Existe asimismo la figura del secretario general del Consejo, elegido por los votos de la Asamblea que es el jefe de la burocracia institucional del Consejo y órgano de enlace entre la Asamblea y el Comité de Ministros. Es él quien prepara los programas de trabajo intergubernamentales y quien presenta los informes anuales de la cooperación. El papel del secretario general se ha robustecido en estos últimos años y su función depende, en buena parte, de la capacidad política y voluntad de trabajo de la personalidad que lo desempeñe.

El Consejo de Europa es una organización intergubernamental cuyo ámbito no puede denominarse supranacional. Sin embargo su naturaleza mixta, parlamentaria y ministerial, representó, en su momento, un gran avance hacia el espíritu de la construcción europea extendida a veintiuna naciones. A los treinta y cinco años de su existencia –1949-1984– hubo un cierto número de revistas y publicaciones que realizaron un análisis en profundidad de ese largo período de la vida institucional del Consejo (1). He aquí algunos extractos de ese balance de opiniones:

Denis de Rougemont, lúcido en su fecunda longevidad federalista, resumía de esta forma su pensamiento: «Treinta y cinco años de espera y decepción. Y también de esperanzas incólumes.» El anterior presidente del Consejo de Europa, el italiano

---

(1) Rivista di Studio Politici Internazionali, Año LI, núm. 3, julio-septiembre 1984, Firenze.

Vedovato, expresaba su convencimiento de que a pesar de las decepciones en la marcha de la integración el Consejo mantenía, dentro de sus limitaciones, la imagen y el contenido de la Europa de los 21, como símbolo y objetivo final de un Continente unido, sin necesidad de hacer concesiones como ocurre con la Comunidad. Giuseppe Vedovato proponía redactar y aprobar un proyecto de «Carta de la Unión Europea» en el seno de la Asamblea parlamentaria que fijara los principios básicos de la futura Unión, sirviendo de elemento de referencia a la lenta construcción de Europa. Sandro Pertini, a su vez, expresaba su convencimiento de que «el diseño unitario europeo integrado no tiene alternativa posible».

Ronald Dumas, el ex-ministro de Asuntos Exteriores de Francia, opinaba que «el papel del Consejo de Europa ha sido –y sigue siendo– el de servir de punto de encuentro a las distintas instituciones democráticas europeas, como son la CEE, EFTA, OTAN y UEO. Los 21 representan el foro donde todos pueden dialogar entre sí, incluidos los países neutrales. A Francia le interesa subrayar que las realidades europeas se agrupan en dos círculos concéntricos (21 y 12) y que es preciso sacar el mayor provecho de esa situación». También señala Dumas «el desarrollo muy importante de la "tercera fase" de los derechos humanos, referidos a los problemas que traen consigo los avances genéticos, la informática, la bioquímica y los riesgos de la polución». Finalmente, elogia los acuerdos concertados en el seno del Consejo que se tratan de establecer en los difíciles terrenos de la droga y el terrorismo.

Podíamos seguir enumerando la considerable lista de opiniones emitidas en ese aniversario, sobre la utilidad y presencia del Consejo de Europa en el conjunto institucional del Occidente democrático. Pero por no fatigar al lector, daré una impresión personal mía, sobre la perspectiva que hoy ofrece el Consejo de Europa, al cabo de treinta y seis años de funcionamiento.

Por vez primera en su historia, el Consejo tiene en el seno del Comité de Ministros una mayoría numérica de ministros de los países comunitarios. Doce sobre veintiuno. Aunque bien es cierto que las resoluciones del Comité no se dirimen por votación casi nunca, es evidente que esa nueva situación acabará por manifestarse como una inevitable novedad. Si, como parece, después de la cumbre de Luxemburgo, la actitud de los Doce en materia de política exterior hacia los demás países ha abandonado el «principio de unanimidad» impuesto por el gaullismo, resultará muy probable que ese consenso global se refleje también en el seno del Comité de Ministros del Consejo de Europa. Con ello no se va a producir ninguna política de marginación del resto de los países no comunitarios, pero sí resultará más hacedero y posible que las relaciones institucionales entre el Consejo y la Comunidad conozcan nuevas perspectivas de coherencia y de aproximación. Y ¿por qué no? de enlace permanente estructural. Ese empeño nunca logrado, acaso por la idiosincrasia de las respectivas burocracias de ambas instituciones, puede encaminarse hacia soluciones conjuntas que resulten altamente beneficiosas para las dos partes y para el avance del proceso de la construcción europea en general.

¿Qué funciones específicas ha desarrollado el Consejo de Europa, aparte del copioso repertorio de Cartas, Convenciones y Resoluciones que han sido aprobadas en estos treinta y seis años? Se ha ido abriendo paso, en el escenario internacional, la idea de que el Consejo de Europa se ha convertido en el foro institucional democráitico más importante del mundo. Esto dicho así, puede extrañar al lector. Pero el alcance de esa formulación es una verdad de transcendental importancia. En efecto, la condición «democrática» de los Estados independientes es un adjetivo calificador que prácticamente exhiben la totalidad de las naciones de la ONU, y que tratan de incorporar a su imagen nacional. Todos los países de aquella organización, se llaman a sí mismos, «demócracias». Y lo hacen sin ningún reparo, países sometidos a regímenes despóticos; a dictaduras militares; a sistemas de inspiración totalitaria y a gobiernos de partido único. Analizando la situación, puede llegarse a la conclusión de que de los 160 Estados independientes que figuran en el registro de las naciones de la ONU, apenas llegan a cuarenta las que estrictamente pueden titularse, «democracias» propiamente dichas. De ellas aproximadamente la mitad, lo forman los 21 Estados que constituyen el Consejo de Europa.

En 1983 se celebró la llamada «Conferencia de Estrasburgo» que tuvo por objeto, convocar a una reunión abierta y exploratoria a cuantos países gozan de una Constitución política inspirada en las libertades y en el respeto a los derechos humanos. Acudieron representantes de más de treinta naciones y los temas debatidos fueron los relativos a la defensa del sistema democrático ante los riesgos desestabilizadores que lo combaten. Y frente a los nuevos aspectos que el progreso tecnológico y la sociedad moderna imponen a la vigencia de los principios y valores del sistema democrático. Del rico contenido de los debates se dedujeron conclusiones de gran interés. La «Conferencia de Estrasburgo» se convocará periódicamente y reveló el deseo que formularon muchas naciones no europeas, en participar activamente en los próximos encuentros.

El Consejo tiene asimismo otra faceta que es preciso subrayar. Si la CEE es hoy, sin disputa, el núcleo dinamizador del proceso integrador de Europa, en el seno del Consejo figuran países como Suiza, Austria, Suecia y Lichtenstein, cuya neutralidad forma parte de su política exterior. Ese hecho diferenciador, resulta un elemento que dificulta por ahora, la incorporación de esas naciones europeas al proceso de expansión de la CEE. Es decir, que el Consejo sirve de ámbito de la actividad europeísta a esos países, de tan honda significación en el conjunto del Occidente democrático.

Asimismo es importante el caso de Turquía. El gran país islámico es, no sólo un bastión de paz en el Asia menor, sino una nación de vocación europeísta inequívoca. Su pertenencia al Consejo, representa el anclaje –de extraordinario valor– de una nación no cristiana, en el conjunto de los pueblos de Europa.

Otro matiz muchas veces ignorado, es el de la utilización del Consejo para tratar de establecer contactos en temas concretos, no políticos, con alguna nación europea del Este. Aunque ese camino no ha sido utilizado sino en escasa medida, los primeros resultados han sido esperanzadores. El conjunto europeo llamado «del Este», nunca ha sido ignorado o preterido en el pensamiento de los líderes del Consejo de Europa. Y las raíces culturales de ese gran espacio continental siguen alimentando, espiritualmente, a esos pueblos con los que se mantiene una comunicación latente.

¿Qué puede intentarse para reformar el funcionamiento del Consejo, dándole una mayor agilidad y vigor? Con frecuencia se ha planteado en las Comisiones y en las Sesiones plenarias de la Asamblea, que el Consejo abarca un exceso de amplitud en los temarios que trata de abordar. El cúmulo, verdaderamente inverosímil, de los asuntos que se suscitan en el seno de la Asamblea y de las Comisiones, hace marchar a la máquina administrativa parlamentaria con gran lentitud. Se hace preciso una reducción o una selección de esos repertorios, para dar una mayor eficacia a los debates y resoluciones realmente significativos. Un acuerdo entre los distintos grupos políticos podría llevar a esa modificación reglamentaria que ha sido varias veces propuesta pero en la práctica, casi siempre rechazada.

El Consejo debe incidir con insistencia en su tarea cultural europea para la que se halla especialmente preparado y en la que su prestigio y experiencia le permite alcanzar más ambiciosos objetivos que los de la Comunidad. Dos terrenos concretos se abren especialmente para su actividad en ese aspecto. Uno son las tareas educativas y universitarias con las extraordinarias perspectivas que ambas ofrecen. Otra es asentar las bases de una gran «Universidad de Europa». Finalmente existe la urgente necesidad de conectar con las jóvenes generaciones de europeos para que la idea de la Europa unificada se abra paso y logre captar millones de entusiastas para la acción futura de la integración.

Cabe insistir en la escasa agilidad del Tribunal de Estrasburgo de los derechos humanos en lo que se refiere al despacho de los recursos individuales ante dicha Corte. Más de diez mil ciudadanos han hecho uso de ese derecho desde que fue promulgado. Pero solamente unos cientos de recursos fueron admitidos y unos cincuenta de ellos, fallados hasta 1981. Estadística que impresiona negativamente a las gentes, desanimándolas a utilizar la citada apelación.

El Consejo no debe tampoco ser un puente comunicador de dos supuestos bloques de países, separados por una divergencia de rumbos. Sino un foro de encuentros, de todos los países comprometidos desde 1949, en el propósito integrador.

Al avanzar la integración europea, con la entrada de los dos pueblos peninsulares, España y Portugal, en la Comunidad, y con la llegada del político español, Marcelino Oreja, a la Secretaría General del Consejo, el clima de reflexión y de análisis sobre las futuras etapas de la situación, se hizo más patente. Consecuencia de ello fue la resolución de la Asamblea de crear una Comisión de personalidades europeas que redactaran un informe sobre las perspectivas futuras que esperan a las tareas del Consejo. Esa Comisión presidida por el estadista italiano Emilio Colombo, se reunió varias veces durante el año 1985, emitiendo un documento al que hago puntual referencia en el capítulo IX de este mismo libro.

Capítulo 3

El plan Schuman y el fracaso de la CED

«Europa no se hará de golpe o de acuerdo a un único plan general. Se construirá gracias a logros concretos que empiecen originando una solidaridad de facto.»

Declaración Schuman-9 de mayo de 1950

3.–El plan SCHUMAN y el fracaso de la CED

Preocupación obsesiva de los hombres de Estado más lúcidos de aquella posguerra fue, la de que desaparecieran gradualmente las fronteras erizadas de armas y de odios entre los países de Europa. Y que existieran unos intereses económicos comunes tan fuertes que sobre ellos pudiera levantarse un día el edificio de una Europa unida y pacífica.

Fue el llamado «Plan Schuman», el que puede reivindicar con entera justicia el título de primer intento serio y fructífero para conseguir ambos fines. La brecha abierta por el plan Schuman puede llamarse, sin hipérbole, el hontanar del que proceden las aguas comunitarias de los siguientes cuarenta años. El punto de partida de la Europa comunitaria tiene una fecha, un texto y un nombre. El 9 de mayo de 1950 se produjo la «Declaración Schuman» que hizo posible lo que vino después. El problema inicial se planteó, de hecho, en torno al destino de la industria pesada alemana de la cuenca del Ruhr que había sido el motor industrial del esfuerzo militar germano en las dos guerras de 1914 y 1939. Desde el término de la segunda, existía una «Autoridad Internacional de Ruhr», instalada allí desde 1949, con plenos poderes en cuanto a control de la producción de la misma y a la exportación de sus productos. La Autoridad Internacional era consecuencia de un acta multinacional en la que participaban el Benelux, Francia, Gran Bretaña, Estados Unidos y Alemania. Esta última con sólo un 20 por 100 de voto, sobre el destino de sus propios recursos.

El riquísimo poderío industrial del Ruhr, en la producción de acero, carbón y coque, despertó apetitos y demandas de todo tipo. Georges Bidault, ministro de Asuntos Exteriores francés, pidió que se convirtiese Renania en una zona internacionalizada. Morgenthau, el visionario político americano, quería transformar Alemania en una nación esencialmente rural para prevenir futuras guerras. Fue aquella una época de grandes tensiones y de iniciativas contradictorias. El enemigo que se quería destruir era la gran industria alemana; los grandes «carteles» horizontales y verticales; el gigantesco conglomerado de las orillas del Rin donde se situaba el «nervio de la guerra» según frase, entonces muy repetida, en el resto de Europa.

Pero los dirigentes políticos y económicos de Norteamérica comprendieron rápidamente la necesidad de levantar la economía europea de la ruina y la miseria en que yacía. Y no se podía pensar verosímilmente en reconstruir Europa, olvidándose al mismo tiempo de poner en pie la industria alemana. Francia siempre temerosa, quería obtener controles y seguridades frente a su hereditario enemigo. Los anglosajones se inclinaban por poner en marcha el proyecto de reconstrucción. En la primavera de 1950 se convocó, por fin, una conferencia diplomática en Londres. Allí es donde Robert Schuman dio lectura a su histórica declaración. La idea fundamental del documento suponía la sustitución del método «Institucional» de la integración, por un criterio funcionalista y sectorial. Schuman proponía realizaciones pragmáticas que crearan solidaridades entre los diversos pueblos afectados. «Europa –decía– no se unirá de golpe, ni por una construcción de conjunto, emprendida como tal. Se levantará, poco a poco, por medio de construcciones limitadas y concretas, que vayan despertando intereses comunes. Y con ello, allanando el camino del entendimiento entre Francia y Alemania, acabando con los odios históricos.»

Sobre la base de ese criterio, propuso la puesta en común, del acero y el carbón europeos, franco alemanes, en una institución que estuviera abierta a la participación de otras naciones europeas. «Así –pensaba Schuman– la producción del Ruhr no serviría para convertirse en industria de armamento y de guerra, sino de elementos destinados fundamentalmente a la reconstrucción de Europa. Poco a poco, la guerra se considerará como algo improbable y más tarde, imposible, entre quienes trabajan juntos en las grandes empresas de la región. Al mismo tiempo, esa fusión de intereses hará posible asentar sobre ellos, una futura gran Comunidad Económica de naciones, de la que se podrá partir a su vez hacia una Federación política de pueblos europeos como última etapa del proceso.»

El plan Schuman, como puede verse, llevaba dentro de sí el germen de lo que iba a ser la Europa comunitaria: Una primera etapa de poner en común, carbón y acero. Una segunda etapa: avanzar sectorialmente hacia la Comunidad Económica Europea. Y una tercera fase: llegar a construir la Federación política europea institucional.

Walter Hallstein haría suyo más tarde ese plan con algunas variantes al comparar la integración europea con un cohete de tres fases: unión aduanera (T. Roma); unión económica y monetaria y unión política (1). La Unión Soviética lo acogió con malos modos y gran hostilidad. Estados Unidos, por el contrario, lo recibió con gran entusiasmo considerándolo como positivo y viable. La Gran Bretaña lo recogió con interés pero pidió que se examinara detenidamente en una conferencia ministerial, a lo que se negó Schuman por el temor a que Londres torpedease lo conseguido. En la opinión británica existía la impresión de que aquel proyecto de Schuman no era viable y que la economía británica podía recuperarse con sus propios recursos; con su flota mercante y con el apoyo del Commonwealth. Es sorprendente que Gran Bretaña se desenganchara de la construcción europea, teniendo como tenía entonces todas las cartas en la mano, con su participación en el proyecto, como miembro fundador y su participación en la Alta autoridad del Ruhr. Fue precisamente en esa ocasión, con la defección de Gran Bretaña, cuando la construcción europea inició su camino para formar la «Pequeña Europa», es decir, la llamada «la Europa de los Seis» en vez de la «Gran Europa» soñada en La Haya.

El Tratado de París que pone en marcha la CECA (Comunidad Europea del Acero y del Carbón) se firma el 18 de abril de 1951, entrando en vigor un año después, en 1952. Tiene un plazo de cincuenta años de vigencia. Como consecuencia del mismo, desapareció la «Alta autoridad internacional del Ruhr». En Alemania, tuvo el Tratado buena acogida en general y reticencias por parte de los nacionalistas y los socialistas. En el Benelux e Italia, la satisfacción fue mayoritaria. En Francia, se opusieron al Tratado, los comunistas y gaullistas; y votaron a su

(1) M. Jobert: *Vive l'Europe libre,* Ed. Ramsay, París, 1984, pág. 27.

favor socialistas, centristas y democristianos. Es curioso señalar el remoquete con que los más radicales adversarios del Tratado lo saludaron en Francia y en Inglaterra, llamándolo «conjura clerical», «Europa Vaticana» y «conspiración de beatos», aludiendo a Schuman y Adenauer, católicos practicantes, y a De Gasperi que había sido, además, antiguo bibliotecario del Vaticano (2). Los tres personajes eran gentes que vivieron en su juventud en zonas fronterizas desde las que pudieron conocer, por experiencia, la serie de modificaciones de los límites nacionales que los hizo cambiar a ellos de pasaporte y de ciudadanía, a golpe de Tratados. Así, De Gasperi había sido diputado austríaco en el parlamento de Viena. Schuman, soldado alemán, como residente lorenés. Konrad Adenauer, nacionalista renano, tenía veleidades separatistas como enemigo de los prusianos. Ellos mismos se llamaban, con cierta sorna, «hombres de frontera». Es decir, por eso mismo, capaces de asumir profundamente un europeísmo transnacional.

Sería injusto olvidar aquí el nombre de Jean Monnet, el ilustre político y pensador francés en quien muchos ven al auténtico inspirador del proceso de la unificación europea. Monnet fue una cabeza excepcional; un prodigioso organizador; una pieza clave en el esfuerzo de guerra aliado, en la segunda guerra mundial; y probablemente la figura europea más respetada y escuchada en los Estados Unidos. Y al mismo tiempo, el hombre que nunca recabó nada para sí; ni embajadas, ni ministerios, ni presidencias de Gobierno. Únicamente aceptó ser presidente de la Alta Autoridad. Monnet comprendió muy pronto que la unidad política de Europa no era posible todavía por los recelos de los nacionalismos y optó por abrir el camino de la economía. Pensaba que si el logro económico se realizaba, la unidad política vendría obligadamente como consecuencia. Fue probablemente su más notorio error. Él mismo lo reconocía, cuando ya muy entrado en años, seguía de cerca, como espectador, los avatares del europeísmo institucional, desde su retiro cercano a París. «Si volviera a empezar lo haría por la vía cultural en vez de haberlo iniciado por el lado económico», declaró. En Francia fue, donde curiosamen-

(2) Pierre Pflimlin y Raymond Legrand-Lane: *L'Europe Communautaire,* Plon, 1966, París. Refieren que se llegó a decir que Schuman y Adenauer habían urdido toda una conjura clerical, cuando estudiaban juntos, en una ciudad alemana, lo cual era absurdo dada la diferencia de nueve años de edad entre ambos.

te se fraguó lo esencial del pensamiento político europeísta institucional. Y fue Estrasburgo, la ciudad germano-francesa, la que resultó ser el símbolo visible de la paz sobre el Rin. Sin embargo fue también, en la misma Francia, donde tuvo el europeísmo mayores reticencias. Si Monnet fue el «Padre» de una Europa unida, puede decirse sin exageración, que De Gaulle fue el menos europeísta de los hombres de Estado de nuestro tiempo. Sus reticencias y sus resistencias, retrasaron la ampliación de la CEE en varias ocasiones. La oposición a la CECA, vino de los sectores patrióticos franceses de la derecha y de la izquierda. «Maurrasianos», gaullistas, y jacobinos de izquierda, aunaron sus esfuerzos contra un europeísmo que no acababan de ver claro desde sus posiciones intransigentes de nacionalistas a ultranza.

El comienzo de la CECA, fue exitoso. Resultó ser una especie de banco de pruebas del proyecto comunitario. El criterio sectorial y la existencia de autoridades especializadas resultó positivo. Así se lanzaron otras iniciativas en terrenos como el transporte, de la salud y el «pool verde» o de la agricultura que fracasó por su complejidad, pero que sirvió de importante antecedente de la que fue años más tarde la «política agrícola» de la Comunidad, llamada en anagrama «PAC» y que sirvió de base al desarrollo de la CEE. De 1953 a 1957 se crearon numerosas Agencias y Consejos sobre productividad; aduanas; investigación nuclear; aviación civil (3) y se intentó el lanzamiento de otra iniciativa de gran transcendencia: La CED.

Aunque la aventura política y militar de la Comunidad Europea de Defensa (CED) resultó saldada por un fracaso, tiene especial interés relatarla no sólo por su antecedente histórico, sino porque condicionó de forma sustancial el proceso de la integración acelerando la fundación de la Comunidad Económica Europea. El punto de partida de la operación CED, se originó en la necesidad de rearmar a la Alemania Occidental. Las dos Alemanias –la R.F.A. y la R.D.A.– habían sido creadas en 1949, respondiendo a la artificiosa división del territorio germano en virtud de las ocupaciones militares que delimitaron los acuerdos de Yalta. Los soviéticos no tardaron en dar vía libre al proyecto de militarizar a la Alemania del Este con una llamada «Policía de

(3) Agencia para la productividad europea; Consejo de cooperación aduanera; Consejo europeo para la investigación nuclear (CERN); Conferencia Europea de aviación civil, etc.

protección» que era en realidad la génesis de un ejército alemán de signo comunista. En los medios militares occidentales cundió la alarma y se lanzó el proyecto de resucitar como réplica una «Bundeswehr», que reforzara los efectivos aliados de la OTAN.

En Francia la idea cayó muy mal; en Norteamérica se reaccionó con satisfacción y Winston Churchill se declaró partidario de ella, con la viva oposición de los laboristas en los Comunes. La guerra de Corea, que se había iniciado en 1950, precipitó, sin embargo, los acontecimientos. Se temía en esos momentos una nueva guerra mundial y los expertos anunciaron que se notaría un gran vacío militar en el territorio occidental europeo; espacio que no había otro modo de colmar sino con el concurso del rearme de la República Federal de Bonn. En septiembre de 1950, un año después de crearse la Alianza Atlántica, los Estados Unidos pidieron oficialmente en el seno del Consejo Atlántico el rearme alemán, creando para ello diez divisiones y comprometiéndose los Estados Unidos a participar directamente con sus tropas en la defensa de una Europa eventualmente atacada por la URSS.

Francia se mostró abiertamente contraria al proyecto. Entonces Winston Churchill propuso ante el Consejo de Europa, la idea de crear un «ejército europeo». El P. del C. M. francés, René Pleven, desarrolló esta idea proponiendo que dicho «ejército europeo» tuviera unidades alemanas integradas en el conjunto militar, sin identidad separada, ni altos mandos independientes. Estados Unidos tomó una actitud de espera hasta encontrar una salida a la actitud francesa. Mientras tanto el proyecto de la CECA. «Comunidad del Carbón y el Acero» se había puesto en marcha, lo cual parecía un argumento favorable dado que significaba otro cerrojo institucional encaminado a resolver el histórico contencioso franco-alemán.

El general Eisenhower, con su gran autoridad moral y desde el mando militar que entonces ejercía en Bruselas, se mostró entusiasta partidario del proyecto. Las discusiones sobre la CED siguieron hasta julio de 1951 en que parecía logrado el acuerdo, aunque el problema del mando supranacional y el nivel de la integración militar alemana seguían pendientes. En ese momento, volvieron a plantearse graves dificultades entre Londres, Bruselas y París. El Gobierno Adenauer, fortalecido con el apoyo americano, empezó a valorizar su eventual participación, reclamando a su vez un plebiscito en el territorio del Sarre ocupado y solicitando ser admitido en el seno de la OTAN como miembro activo por boca de W. Hallstein, a la sazón, secretario del MAE alemán.

Por fin se reunió una Conferencia diplomática en París para discutir el eventual Tratado de la CED, que se firmó el 27 de mayo de 1952. Bonn había conseguido al mismo tiempo la igualdad de derechos para la R. F. A. y todo auguraba una ratificación del documento por los parlamentos respectivos sin grandes problemas. Todos lo hicieron, en efecto, salvo Francia e Italia, que fue la primera en retrasar la ratificación hasta que lo hiciera Francia.

En la Asamblea francesa es donde se planteó la gran batalla sobre la CED. Los grupos partidarios de la integración europea y los socialistas que seguían a Guy Mollet, defendieron el Tratado. Sin embargo aparecieron enemigos formidables. Los comunistas; los socialistas de Jules Moch y los gaullistas formaron un bloque «nacionalista», invocando la pérdida de soberanía que representaría para Francia un «ejército europeo». Personalidades independientes como Vicente Auriol, el mariscal Juin y el presidente Herriot, se opusieron también por razones «patrióticas». Finalmente el general De Gaulle, desde su altanera soledad, declaró que «una nación sin ejército propio, no es una nación».

La polémica llegó a un punto culminante. Nadie se atrevía a someter el Tratado firmado al voto de la Asamblea para no correr el riesgo de una votación adversa. Se pidieron más contrapartidas previas. Por ejemplo, que el Sarre no volviera a Alemania sino que se declarase territorio neutro europeo. Que la Gran Bretaña y los Estados Unidos mantuvieran tropas suyas, con carácter permanente, en territorio alemán. Que Francia tuviera plena autonomía para desplazar sus tropas a Ultramar, dado que los conflictos de Indochina habían comenzado ya. Durante unos meses de confusión y «suspense» se produjo la elección presidencial americana que llevó al general Eisenhower a la Casa Blanca. El vencedor de la segunda guerra mundial presionó entonces para que el Tratado de la CED se ratificase. Su secretario de Estado, John Foster Dulles, llegó a declarar en diciembre de 1953, que el apoyo norteamericano a esta iniciativa, significaba el deseo de crear una situación que hiciera imposible en el futuro, «un nuevo suicidio mutuo» de esos dos grandes países europeos: Francia y Alemania. Sin embargo, la resistencia francesa se endureció y complicó aún más. Dulles anunció que si la CED fracasara, los Estados Unidos harían un *agonizing reappraisal* de su política exterior. Es decir, una revisión desgarradora de su política europea. Era tanto como pronosticar que el aliado militar preferente de Washington en la Europa continental, podía no ser la República francesa, sino la República de Alemania.

Fue aquello echar más combustible sobre la hirviente Asamblea de París en la que la poderosa fracción parlamentaria comunista jugaba un papel relevante.

Pierre Mendès France, hombre de gran inteligencia política y considerable fortuna personal, fue designado como presidente del gobierno francés para encarrilar el incómodo asunto. Propuso Mendès un compromiso, a base de no dar carácter supranacional al «ejército europeo» durante un período de ocho años. Y que se prohibiese el estacionamiento de tropas alemanas en territorio francés. Este contraproyecto fue rechazado por americanos y británicos. Así se llegó finalmente en el verano de 1954, al voto en la Asamblea. La votación dio 264 votos a favor del Tratado de la CED y 319 votos en contra. Allí feneció el proyecto de que Europa tuviera una autonomía defensiva propia.

Las consecuencias de este rechazo francés fueron muchas. La Comunidad política europea que se intentaba, hubo de tomar a partir de entonces, rumbos distintos. La integración se planteó como una solución económica global en vez de como una integración por sectores. Poco después, la Conferencia de Messina, abriría el camino al Tratado de Roma. La R. F. A., de acuerdo con el pronóstico de Dulles, sería admitida en el seno de la OTAN como miembro a parte entera en ese mismo año de 1955.

La defensa militar de la Europa occidental recaía inevitablemente, después de esa fecha, exclusivamente en la OTAN, al abandonarse la idea de la CED (4). El nacionalismo francés, herido en su orgullo, buscaba ya un repliegue parcial de la OTAN, alejándose de la integración en la estructura militar de la Alianza y subrayando la futura autonomía nuclear propia. Fue el general De Gaulle, elegido presidente de la V República, quien a partir de 1957 llevó a cabo ambas decisiones.

Se produjo con ello una grave crisis de malentendidos entre Washington y París, al insinuar Dulles que era posible un eje de alianzas Washington-Londres-Bonn. Para evitar una ruptura de la Alianza, Londres convocó una conferencia que sentó las bases de la llamada «Unión de la Europa Occidental», o UEO, a la que llamó Pierre Pflimlin el *ersatz* o sustitutivo de la CED. También trajo consigo la nueva situación, el final de la ocupa-

(4) P. Pflimlin, *op. cit.*, págs. 118-121.

ción militar de Alemania por los aliados occidentales; el compromiso británico de no retirar las tropas del Continente si éste era el deseo de la mayoría de los aliados. Y una serie de limitaciones técnicas que fueron impuestas como garantía al rearme de la Alemania Federal. La «Bundeswehr» quedaba reconocida oficialmente como el ejército autónomo, en sus mandos y en sus decisiones de la República Federal (5). Y en pocos años, se convirtió, de hecho, en el aliado militar más poderoso de los Estados Unidos en Europa.

De Gaulle, a pesar de sus veleidades solitarias en materia de integración militar en la OTAN y en el terreno de la fuerza nuclear independiente, hubo de rectificar el rumbo nacionalista y concertó en 1963 el Tratado de Amistad y Cooperación con Alemania Federal que dio lugar a un entendimiento en profundidad entre Bonn y París. Iniciado por dos personalidades extraordinarias, Konrad Adenauer y Charles De Gaulle, el Acuerdo fue mantenido a lo largo de estos veinte años por encima de los cambios políticos sobrevenidos tanto en el Elíseo, como en la Cancillería del gobierno alemán federal. Este eje franco-germano sigue funcionando ininterrumpidamente y sobre él se apoya en gran medida, la construcción europea actual. Los nacionalismos de los años cincuenta, son ya un recuerdo de escasa vigencia en las horas actuales de las grandes corrientes integradoras que predominan en los países occidentales.

---

(5) Durocelle, *Histoire Diplomatique de 1919 à nos jours,* págs. 494-496 y 568-572.

Capítulo IV

El proceso de la CEE –I

«Los que no quieren emprender nada porque no están seguros de que las cosas irán por donde ellos pensaron, se condenan al inmovilismo. Nadie puede decir hoy qué forma tendrá la Europa en la que viviremos mañana porque el cambio nacido del cambio es imprevisible... El camino hay que abrirlo día a día y lo esencial es tener un objetivo suficientemente claro para no perderlo de vista.»

JEAN MONNET, en *Memoires*

4.–El proceso de la CEE - I

El fracaso de la CED, trajo consigo grandes novedades en el terreno de la integración europea. Se hizo patente la imposibilidad de lograr una Europa con autonomía defensiva. Y por consiguiente la necesidad de empezar por otro camino la construcción de la Europa política propiamente dicha. De Gaulle había dicho que una nación sin ejército propio no era una nación. Pero una Europa sin autonomía militar defensiva tampoco sería nunca una entidad política verdadera.

La CECA, que presidía Monnet, con su prestigio personal en Europa y en Norteamérica, funcionaba con gran eficacia y sin que llegasen a su ámbito los remolinos nacionalistas que habían torpedeado el intento de la CED. En 1954 después de la votación negativa de la Asamblea francesa, Jean Monnet decidió que era preciso relanzar la integración europea de otra manera. Dimitió de su cargo de presidente de la Alta Autoridad de la Comunidad del Carbón y el Acero y se dedicó a preparar una iniciativa de distinto contenido.

El relanzamiento del europeísmo institucional lo inició el ministro de Asuntos Exteriores holandés, Beyens, en 1955, y lo apoyaron sus compañeros del Benelux. Y colaboraron en el empeño Jean Monnet y el Gobierno francés. El precedente institucional del propio Benelux y los sucesivos pasos que se dieron entre los tres países hasta llegar a una completa unidad aduanera y económica, sirvió a Beyens para apoyar su propuesta. Se había llegado a un consenso generalizado en el sentido de no dejar a la idea europeísta abandonada después del fracaso de la CED.

En los primeros días de junio se reunieron en Messina los ministros de Asuntos Exteriores de los seis países de la CECA. Allí se fijó un programa y se discutió el fondo del asunto que consistía en emprender la integración europea «por el camino de la unificación económica». En julio de 1955 y en abril de 1956, se celebraron nuevos encuentros de expertos bajo la presidencia del ministro Henry Spaak, entusiasta líder europeísta del socialismo belga. De allí salió redactado un *Rapport* que los expertos presentaron a los ministros de «los Seis» con un primer grupo de conclusiones.

En mayo de 1956 se celebró la reunión de Venecia que preparó a su vez la conferencia intergubernamental que se llevaría a cabo en el castillo de Val Dûchesse, cercano a Bruselas, en el que se perfilaron los contornos finales del Acuerdo. Todavía hubo una serie de visitas e intercambios de información previos entre jefes de Gobierno y de Estado, y de ministros entre sí, contactos que no terminaron hasta el mes de marzo de 1957. El 25 de ese mes, se firmó el Tratado de Roma, por el que se creaba la «Comunidad Económica Europea» y el «Euratom». Tratados ambos de duración ilimitada.

El fracaso de la CED, ocurrió en agosto de 1954. Hubo que consumir por consiguiente casi tres años para que la Comunidad Económica naciera de ese contratiempo. Fue un buen ejemplo del lento ritmo obligado que conllevan estas iniciativas en las que tantos intereses nacionales se ventilan. Cuando se trata como en este caso de países democráticos con ratificaciones parlamentarias pendientes, la lentitud es un elemento indispensable a tener en cuenta. Los consensos democráticos que son necesarios para construir Europa son un tributo obligado a la libre voluntad de los pueblos que tratan de unirse.

También se firmó una Convención relativa a las instituciones comunes de las tres Comunidades –Tribunal y Asamblea– que desembocaron más adelante en el llamado «Tratado de Fusión» de 1965. (En vigor desde 1967) que fundó los Consejos de Ministros y las Comisiones. Las ratificaciones del Tratado de Roma fueron rápidas y el texto entró en vigor el primero de enero de 1958. Curiosamente, en el Tratado de Roma, el tono de lo suscrito por «los Seis» emplea un lenguaje más cauteloso que el Tratado de la CECA. No se habla en él, por ejemplo, de la perspectiva federal de la futura unión. Se intenta despolitizar las nuevas instituciones y se insiste en darles un aire más técnico y aséptico, sin alusiones a lo supranacional, vocablo que había sido uno de los caballos de batalla de la CED. La integración era, pues, simplemente económica, aunque, eso sí, abarcando la globalidad de la economía.

El Tratado del Euratom que surge paralelamente a la CEE, sigue un proceso semejante y trata de «la formación y del rápido crecimiento de las industrias nucleares» (1) para que Europa no quedara desfasada de los avances conseguidos por los Estados Unidos, la Unión Soviética y la Gran Bretaña en la materia. Los seis eran países deficitarios en asuntos energéticos y las previsiones anunciaban subidas espectaculares del consumo en la década siguiente. Por otro lado, la crisis de la guerra del canal de Suez de 1956 había revelado de forma espectacular, la flaqueza y los riesgos que corrían los cargamentos de crudo con el tránsito del canal de Suez interrumpido. La posibilidad de sustituir altos porcentajes de la energía necesaria a través de la construcción de centrales nucleares se presentaban entonces como una tarea importante y urgente para Europa.

El precio de costo de estas instalaciones significaba a su vez un grave problema y obligaba a unificar recursos y procedimientos. La investigación científica era otro de los renglones que exigía la puesta en común de laboratorios e instalaciones piloto. El Euratom inició la construcción de centrales de separación de isótopos con objeto de enriquecer el uranio y transformarlo. Se ha dicho que los Estados Unidos veían con malos ojos el proyecto del Euratom que en definitiva liberaba a Europa de la sujeción comercial americana. Lo cierto es que el precio del uranio enriquecido en América, resultaba muy inferior al que lograba en Europa, lo que hizo desistir de construir el proyectado «separador».

La política norteamericana que empezó siendo «monopolista» en materia militar atómica, perdió esa condición, como es sabido, a mediados de la década de los cincuenta. Ello volvió más celosa a la Administración USA, y a través de la ley que lleva el nombre del senador Mac-Mahon regulaba de forma estricta los secretos de la técnica nuclear en relación con las industrias de otros países, incluso los aliados.

Los Estados Unidos cooperaron con la Gran Bretaña en hacer

(1) Art. 1 del Tratado que funda el EURATOM.

posible la construcción en Inglaterra de armamento atómico de ciertas características, convirtiendo a la Gran Bretaña en potencia nuclear a través del llamado *Special relationship* o relaciones privilegiadas del mundo anglosajón. Con ello, se llegó a una tensión franco-británica en la materia que tuvo su desenlace en la llamada «crisis de las Bahamas», en cuyo archipiélago, durante una conferencia diplomática anglosajona, Mac-Millan obtuvo nuevas preferencias y privilegios que motivaron la cólera de De Gaulle y su decisión de vetar el ingreso de Gran Bretaña en el Mercado Común, así como la puesta en marcha de un costoso plan francés para lograr la fabricación independiente de armamento nuclear al margen de la ayuda americana.

Es interesante subrayar las paradojas de esta etapa en lo que se refiere a las relaciones de Francia y de la Europa comunitaria con Norteamérica. Los Estados Unidos apoyaban a la Gran Bretaña en el empeño de lograr su relativa autonomía nuclear. Y a su vez, apoyaban a la Europa de los Seis, frente a Gran Bretaña, en el terreno de la competencia comercial. Gran Bretaña había lanzado en 1960 la EFTA (Asociación Europea de Libre Cambio) (2) como colectivo comercial capaz de rivalizar con la CEE, y con la esperanza de llegar algún día al entendimiento colectivo con el Tratado de Roma. Konrad Adenauer fue en cambio uno de los más insistentes defensores de la CEE ante el gobierno de los Estados Unidos.

En resumen, las tres Comunidades, CECA, EURATOM y CEE, se hallan parcialmente unificadas desde 1967 pero se trata aún de tres Tratados diferentes y la aplicación de los mismos, debe hacerse de forma separada.

Se insistió una y otra vez, en la conveniencia de ir a la unificación total de los tres Tratados por razones de simplificación burocrática y de eficacia funcional. Ello no supone por sí solo el entrar en el terreno de la integración total de la Europa comunitaria, como luego veremos, sino de dar un paso importante en esa dirección. Las actuales reformas que se han aprobado en Luxemburgo sobre el Tratado de Roma abordaron ese aspecto que resultará en cualquier caso, un requisito indispensable para seguir adelante en el camino de la unidad política del Continente.

---

(2) La EFTA fue formada por los siguientes países europeos: Gran Bretaña, Suecia, Suiza, Austria, Noruega, Portugal y Dinamarca. Islandia se adhirió en 1970 y Gran Bretaña y Dinamarca se retiraron en 1972 para poder así entrar en las Comunidades Europeas.

El Tratado de Roma por el que se constituye la CEE entró en vigor en 1958, el mismo año en que el general De Gaulle asume el poder en Francia, fundando la V República. Coincidencia fortuita pero de importantes consecuencias, ya que la Comunidad naciente había de estar condicionada, hasta los años setenta, por la fuerte personalidad del presidente francés y sus peculiares concepciones sobre la política europea.

De Gaulle era a la vez un nacionalista francés que veía con recelo cualquier intento de supranacionalidad o recorte de soberanía. Para él, la integración futura del Continente, había de ser una «Europa de las Patrias» (quizás había que decir «de los patriotismos») que tenía que acentuar su independencia respecto a la política de los Estados Unidos. Era partidario de una integración económica europea pero la veía como un dirigismo pactado entre los Seis gobiernos sin concesiones a delegar facultades a comisiones ejecutivas en Bruselas. Los «eurócratas» eran objeto frecuente de sus críticas irónicas en declaraciones y discursos (3).

La República Federal y el Benelux pensaban por el contrario que las relaciones con los Estados Unidos y la Alianza Atlántica eran elementos prioritarios a tener en cuenta. Asimismo eran favorables al ingreso de la Gran Bretaña en la CEE como factor de contrapeso a la política francesa. Italia con algunos matices se hallaba también en esa posición.

En 1961, propone Christian Fouchet, embajador en Copenhague, un plan francés de «Unión Política» que llevaría su nombre. Los objetivos de Fouchet eran los de establecer una política exterior y defensiva común, pero de mando intergubernamental, es decir, no integrada. La capital política había de ser París. El plan Fouchet fue acogido con grandes reservas por los otros Cinco (4). En la Conferencia de abril de 1962 y después de tensas discusiones, el plan fue rechazado por mayoría de los presentes. La sensación de los Cinco fue la de que se quería convertir la futura Comunidad Europea en un bloque político-económico, bajo el mando de un directorio gubernamental de hegemonía francesa y sin la presencia de Gran Bretaña en la operación. Un nuevo intento de relanzamiento del proyecto con un texto más antiatlan-

(3) El famoso profesor y ensayista André Siegfried hizo célebre su definición: «La Administración es el único dominio en el que resulta más fácil construir que destruir.»

(4) En apoyo de ese plan puede consultarse el libro del ex ministro Michel Jobert *Vive l'Europe Libre,* Ed. Ramsay, 1984, París.

tista volvió a ser rechazado por los cinco países. El veto del general De Gaulle a la entrada de la Gran Bretaña, anunciado en la conferencia de prensa que se hizo célebre, a comienzos de enero de 1963, cerró este primer capítulo de malentendidos y obligó al general presidente a la elaboración y firma del Tratado francoalemán del 22 de enero de 1963, que fue una solución parcial al fracaso del Plan Fouchet y que resultó ser al cabo de los años, un instrumento bilateral de gran alcance y significación en la historia de la CEE. La eficacia de su funcionamiento y la plena vigencia de sus resultados por encima de las etiquetas ideológicas de los respectivos gobiernos, iba a durar más de veinte años a través de los cambios de puestos de mando de la política francesa y alemana, en París y Bonn.

En el fracasado proyecto francés había, sin embargo, el esbozo de lo que iba a convertirse en la llamada «Cooperación Política Europea» (CPE), así como el esquema de una reunión periódica de jefes de gobierno (antecedente del «Consejo Europeo») y una «Comisión Política». Así pues hubo de pasar mucho tiempo para que ese rechazo diera paso a otras soluciones. Y De Gaulle, mientras tanto, acentuó su hostilidad hacia «los anglosajones» con gestos espectaculares, como la visita a Quebec; el viaje a Indochina y la retirada francesa de la estructura militar de la Alianza Atlántica.

La Gran Bretaña quedó así, aislada, después del gran desaire de enero de 1963. Intentó de nuevo, la adhesión en 1967, sin conseguir ni siquiera empezar una negociación, por la intransigencia de París. Los motivos de la tenacidad británica fueron de variada índole. En primer lugar, la Commonwealth no era un mercado común, ni mucho menos, dado que las relaciones política con los antiguos países del Imperio se iban relajando de forma visible y a veces rotunda. En segundo término, el *Special relationship* –«las relaciones privilegiadas»– con Washington no eran del todo satisfactorias dado que Norteamérica era favorable a la integración europea. Finalmente, el crecimiento económico de la CEE y su rápido despegue, sorprendieron en Londres donde se pensaba que la EFTA iba a servir para englobar y diluir a la Comunidad. Las relaciones de Washington y París siguieron muy tensas y De Gaulle enfureció al conocer los acuerdos entre MacMillan y Kennedy sobre la construcción del *Polaris* y la información secreta sobre la fabricación de artefactos atómicos.

Gran Bretaña iba a convertirse en una potencia nuclear, de dimensión media. El presidente francés ordenó entonces la puesta en marcha de un programa de armamento nuclear con técnica propia, independiente, con un gran esfuerzo de investigación, puesto que no podía beneficiarse de la información estadounidense. Esta *force de frappe* que depende de un mando militar nacional no integrado, hizo a su vez que el Euratom quedara frenado en su trayectoria dado que Francia defendía celosamente el secreto de la *force de frappe,* con lo que el Euratom se convirtió en una comunidad de relieve secundario y de iniciativas de poca importancia.

La idea central de De Gaulle era establecer una hegemonía política en el Occidente europeo aprovechando el Tratado de 1963 con la Alemania Federal que era «un gigante económico y un enano político» como lo llamó cierto senador norteamericano. Era, en la mente historicista del general, una vuelta a los tiempos de Luis XIV y sus descendientes, con la Gran Bretaña recluida en su isla y la media nación alemana debilitada por la guerra mundial pendiente de su *partenaire* poderoso y protagonista de la *grandeur* nacional.

Pero aún faltaba por ocurrir un episodio de graves consecuencias durante ese período gaullista que tan notable influencia tuvo en los primeros diez años comunitarios. Fue la llamada «crisis de la silla vacía o institucional». Merece la pena relatar rápidamente lo sucedido. Walter Hallstein, presidente de la Comisión, propuso en 1965 la reforma total de la política agrícola que sería financiada en lo sucesivo por un «Fondo» propio alimentado con recursos de aduana sobre importaciones. Para ello era preciso aumentar los poderes del Parlamento y de la Comisión y aplicar estrictamente el texto del Tratado de Roma, haciendo mayoritario el sistema de voto y no unánime. La fecha de puesta en marcha de este proyecto estaba prevista para 1966.

Francia se opuso rotundamente a lo propuesto por Hallstein tras una grave crisis que casi rompió la Comunidad después de llegar a un «compromiso» que se llamó «de Luxemburgo» y que se aprobó el 29 de enero de 1966. Decía en sustancia que cuando se hallaren en juego «intereses importantes» para un Estado, éste podía imponer la «unanimidad» para que el voto fuese válido. Era en realidad un derecho de veto para cualquiera de los Estados miembros. El «compromiso de Luxemburgo» ha durado hasta nuestros días y es uno de los temas que ha sido tratado en la «Cumbre de Luxemburgo» del pasado mes de diciembre de 1985. ¡Casi veinte años! ¡Tan grande fue la influencia del general De Gaulle en el proceso de la CEE!

Capítulo V

El proceso de la CEE - II

«La Comunidad Económica Europea es una manera de ser y de vivir.»

JEAN MONNET

«Somos una parte de la comunidad de Europa y cumpliremos nuestro deber como tal.»

GLADSTONE, 1880

5.–El proceso de la CEE-II

En abril de 1969 De Gaulle pierde un referéndum que había convocado para establecer una reforma regional y del Senado en el Hexágono. Consideró ese rechazo como un voto personal adverso y presentó irrevocablemente la dimisión. Le sucedió Georges Pompidou, que en nada se parecía al fundador de la V República. Era un gran jurista, y buen conocedor de los temas económicos. Había sido durante varios años director de la Banca Rotschild y, después, pasó al Consejo de Estado. De Gaulle le tenía por un hombre de entera confianza y lo designó con otras personalidades para negociar con el F.N.L. argelino los Acuerdos de Évian que pusieron fin a la guerra de los seis años y abrieron el camino a la independencia de la antigua colonia francesa. Tenía, junto al talento negociador, la intuición pragmática para ir al fondo de los asuntos. Durante mayo del 68 fue él quien puso fin a la caótica situación, pactando con el Partido Comunista y el poder sindical un acuerdo social muy amplio, al darse cuenta que la izquierda estudiantil y anarco-radical había desbordado por la vía revolucionaria al *establishment* comunista. Pompidou entendió muy rápidamente que la política gaullista había bloqueado el crecimiento y la expansión de la CEE hacia su destino integrador. Y decidió rectificar ese rumbo abriendo, por de pronto, la puerta a la Gran Bretaña.

La cumbre de La Haya en abril de 1969 fue la que propuso la definitiva reforma de la PAC, dotándola de medios propios; la profundización de la integración europea, llegando a una Unión monetaria y económica, y la aceptación de la candidatura de la Gran Bretaña para su ingreso en la CEE juntamente con las candidaturas de Noruega, Dinamarca y la República de Irlanda. Fue el «gran viraje» de la CEE hacia su expansión institucional y un cambio radical en la actitud de Francia, lo que despertó grandes esperanzas en el europeísmo latente.

En 1971 el Consejo de Ministros aprueba las bases de una «Unión Económica y Monetaria» para culminarla en un decenio, esto es, en 1980. Se prevé que habrá para entonces un Banco Central europeo; una moneda y una política económica comunes. En 1972 se celebra una cumbre en París que confirma solemnemente esa fecha como término del proceso anunciado.

Quizás haya que recordar el Informe de Luxemburgo de 1970 (Informe Davignon), que pone en marcha la Cooperación Política Europea, completado por el «Informe de Copenhague» de 1973 y en el que se declara que «cada Estado se compromete como regla general a no fijar definitivamente su propia posición sin haber consultado a sus socios en el marco de la cooperación política».

Pero ese mismo año de 1973 iba a ser un año fatídico para la economía de Occidente como consecuencia de la brusca subida de los precios del crudo petrolífero iniciada en las exportaciones procedentes del Oriente Próximo. La crisis que ello produjo trajo consigo una sacudida mundial de enormes repercusiones y consecuencias. Por de pronto demostró el riesgo que corrían las naciones europeas en lo que se refería a su balance energético y la línea de sus abastecimientos por vía marítima con el inutilizado Canal de Suez. 1973 fue el final de los años optimistas, del crecimiento y el pleno empleo de la Comunidad. A partir de ahí, empezó un breve período de confusión y de indecisión en el proceso de la construcción europea. La CEE comenzó a sentirse invadida, no sólo por el pesimismo, sino por la falta de cohesión entre sus miembros. Asimismo se comprobó una ausencia de solidaridad en tema tan importante como era la política energética. La crisis monetaria originada con la caducidad de los Acuerdos de Bretton-Woods añadió más complejidad negativa al cuadro general (1).

(1) Para más información sobre el impacto de la crisis de 1973 en la economía comunitaria y las eventuales medidas que pudieran paliarla, se puede consultar la obra de Michel Albert, *Un pari pour l'Europe,* Seuil, París, 1983.

Sin embargo, fue esa misma situación la que obligó a los gobiernos de la CEE a reaccionar con nuevas iniciativas para evitar el fracaso de una experiencia que tenía ya quince años de resultados positivos. En 1974, la Cumbre reunida en París, acordó institucionalizar esas reuniones de jefes de Estado y de Gobierno, con una periodicidad establecida de antemano, llamándolas «Consejo Europeo». También se dio un paso importante al establecer el sufragio universal directo para las elecciones al Parlamento europeo que recibe más competencias fiscalizadoras. Las primeras elecciones se celebran en 1979. Las segundas en 1984. El Parlamento elegido recibe nueva savia en su composición. Se convierte, de una Asamblea lánguida, en un cuerpo político inconformista y rebelde frente a la Comisión de Bruselas, y rechaza en varias ocasiones los presupuestos que de allí le envían para ser discutidos y aprobados.

Este renuevo de la construcción europea, precisamente cuando la situación parecía más comprometida, tenía poco eco en la opinión pública que recibía, por el contrario, la impresión de que todo eran dificultades, discrepancias y tensiones entre los países miembros. Era cierto que el clima general de crisis económica había creado dificultades en el seno de la CEE, y que incluso el proteccionismo levantaba cabeza entre algunos países miembros, contrariando el espíritu y la letra del Tratado de Roma. También era visible el creciente malestar de la Gran Bretaña por la carga que representaba ser contribuyente neto de la Comunidad a causa del perjuicio causado por la política agrícola común sobre sus compras en esa materia a los países de la Commonwealth. Pero todas esas realidades fueron magnificadas en la prensa europea y dieron lugar a las conocidas expresiones del «europesimismo», «euroesclerosis», «decadencia europea» y «estancamiento definitivo» que olvidaban la otra cara de la moneda que es preciso recordar.

De 1957 a 1969 se había logrado poner en marcha la unión aduanera y el mercado común, con la supresión de trabas y aranceles y la fijación de una tarifa exterior. El período transitorio, que se fijó hasta 1969, se adelantó un año y medio en su desaparición lo cual demuestra la rápida adaptación de las economías nacionales al sistema propuesto.

La política agrícola fue el gran éxito de la Comunidad en lo que se refiere a los productos del campo y a los trabajadores agrícolas, que vieron elevado su nivel de vida en proporciones nunca obtenidas anteriormente. Esa política empezó con la creación del

«Fondo Europeo de Orientación y Garantía Agrícola» (FEOGA) que estabilizó los precios y los mercados, además de alcanzar aumento notable de la productividad y la utilización óptima de los factores que en ella concurren. Este Fondo se ocupó esencialmente de la orientación de las reformas estructurales y de utilizar el noventa por ciento de los recursos, en garantizar los precios agrícolas. El Fondo se apoyó en tres criterios fundamentales: la unidad del mercado y la libertad del intercambio interior; la preferencia comunitaria y la solidaridad financiera. No se puede negar la fecunda realidad de los resultados obtenidos: el gran aumento de la productividad, la disminución del porcentaje de la población activa agraria, y el crecimiento de las rentas del campo. La CEE pasó, en esos años, de ser importadora a convertirse en gran exportadora de productos lácteos, cereales y otra serie de alimentos con excedentes, a veces, abrumadores.

En 1979 se puso en marcha el sistema monetario europeo, consecuencia de la llamada «Serpiente monetaria» –1973– o flotación conjunta de divisas dentro de unos márgenes convenidos, con la ausencia de Gran Bretaña en el proyecto. Aparece también el ECU, sigla de iniciales inglesas (European Currency Unit) compuesto por un «pool» en el que participan las monedas nacionales comunitarias. El ECU es una unidad de cuenta, pero su uso generalizado puede convertirlo, en un mañana no muy lejano, en la moneda europea. El ECU gusta como sigla en Francia porque equivale al vocablo que recuerda la antigua moneda francesa que llevaba el escudo regio sobre el anverso.

Otro punto de interés lo representa la llamada «Política regional» de la Comunidad. Es un proyecto iniciado en 1973, destinado a corregir y equilibrar las desigualdades regionales en el territorio comunitario; desigualdades que en algunos casos se habían agravado con la integración. Se acudió al FEDER o «Fondo Europeo del Desarrollo Regional», que actúa con el acuerdo de los gobiernos, concediendo ayudas y apoyo financiero a proyectos concretos en las áreas pobres o retrasadas.

La «Política Regional» se orienta en tres direcciones: la introducción del factor «regional» en las demás vertientes de la CEE; la complementaridad de las ayudas con las políticas regionales de cada Estado; y la acción concreta en ciertas zonas deprimidas económicamente, con aportaciones «fuera de cuota». La aparición de los «programas integrados» ha sido otra novedad de la política regional. Con ello se trata de llevar a cabo un desarrollo del potencial existente en ciertas áreas teniendo en cuenta las características de la misma y los factores endógenos –artesanía; «Pymes» locales; niveles de cultura y educación– con objeto de crear mejores condiciones de vida y trabajo. La política regional es tratada con amplitud en el capítulo X de este trabajo (2).

La política social de la Comunidad no puede quedar sin mención. En 1972 empezó a funcionar el FSE o Fondo Social Europeo y con unos recursos que llegaban a casi el 6 por 100 del presupuesto de la CEE. Se empezó por orientar las ayudas a las regiones más afectadas por el paro, y a partir de estos últimos años se ha centrado la ayuda en grupos sociales determinados como el paro de los jóvenes y a medidas de formación acelerada en ciertos sectores. La ayuda también se ha dirigido al apoyo de la Pequeña y Mediana empresa –PYME– porque son ellas las que pueden generar con mayor facilidad nuevos puestos de trabajo. El Fondo Social ha ido adquiriendo creciente importancia. Hasta 1983 se beneficiaron de él, en distintos aspectos, un millón ochocientos mil trabajadores europeos. También ha tenido el Fondo un especial interés por los problemas que afectan a la población inmigrante laboral en los países comunitarios.

La Política Exterior Comercial ha sido un éxito indiscutido en la experiencia comunitaria. El aumento del comercio intereuropeo ha sido considerable. Pero el protagonismo ha sido espectacular en el comercio internacional. La CEE se presenta hoy con un balance total de intercambios que llega al 19 por 100 de la cifra mundial frente a un 14 por 100 de los Estados Unidos y un 8 por 100 del Japón (3). La política comercial de la CEE es abierta y librecambista porque necesita comprar en el exterior la mitad de sus necesidades energéticas y las tres cuartas partes de sus primeras materias. El alza de los precios del petróleo y de ciertas materias primas han dado en los últimos años un saldo negativo al intercambio global comunitario.

También ha sido activísima la política de acuerdos comerciales con el exterior. Hay convenios multilaterales y bilaterales. Y estos últimos son de simple cooperación o de carácter preferencial. Quizás los Acuerdos de Lomé (4) hayan sido los más elaborados e importantes, porque otorgan ayudas financieras, libre

---

(2) «El Fondo Social Europeo». Documentos de la CEE, n.º 2, pág. 84.

(3) Anejo gráfico.

(4) Con los países del Tercer Mundo llamados AGP (Africa, Caribe, Pacífico).

acceso a los mercados de la CEE sin reciprocidad, y ayudas para la cooperación técnica y estabilidad de los precios de ciertas materias. Lomé es un episodio interesante de la vertiente internacional de la Comunidad, juntamente con el «Sistema de Preferencias Generalizadas» que desde 1971 se aplica a los productos manufacturados de ciertas naciones del llamado Tercer Mundo.

Al hacer, pues, un balance de la CEE desde su fundación, se destacan como elementos positivos los aspectos de la Unión Aduanera, la Política Agrícola y el Comercio Exterior hacia las demás naciones. Nadie que no tenga prejuicios hostiles dejará de reconocer la considerable importancia de la tarea realizada en esos terrenos, que supone un camino irreversible hacia la construcción de la Europa unificada. Porque durante este largo período que va desde 1957 hasta nuestros días, se han creado no solamente intereses considerables, sino también vínculos jurídico-financieros de tal solidez y raigambre que no sería posible abandonar el camino o retroceder hacia el pasado sin causar un verdadero caos en el interior de las naciones miembros. La Comunidad ha conocido quince años de prosperidad y trece años de crisis. Pero esta desigual fortuna ha puesto a prueba la capacidad, el temple y la constancia de los gobernantes europeos comunitarios. Y la serie de «cumbres» que luego comentamos y que han cristalizado finalmente en los acuerdos de Luxemburgo no han hecho sino confirmar que el proceso de la CEE, aunque lento y dificultoso, avanza en una dirección definida y precisa.

Sería ingenuo negar, sin embargo, que existen en la opinión pública muchas interrogantes y tendencias críticas hacia la CEE a pesar de que los sondeos dan, ininterrumpidamente, un índice alto de respuestas favorables a la Comunidad en todos los países miembros (Italia y el Benelux van en cabeza, con el 70 por 100 de opiniones positivas. Gran Bretaña y Dinamarca van en último término con un 25 por 100).

He aquí un resumen de las preguntas y formulaciones más negativas que se recogen en las encuestas y de las respuestas que la propia CEE ofrece como aclaración. La primera es la de que la Comunidad es ante todo «una costosa burocracia». Entre todas las organizaciones institucionales de la CEE suman unos 19.000 los funcionarios en activo, y de ellos, 13.000 trabajan en la Comisión de Bruselas. Un tercio de estos últimos son intérpretes. Para dar una idea del problema lingüístico que ello origina, basta señalar la cifra de medio millón de páginas traducidas y de ocho mil reuniones con traducción simultánea, que se producen al año.

El costo de la CEE equivale al 1 por 100 del PIB de la Comunidad y no llega a 700 ECU por persona y año, de los ciudadanos de las naciones miembros. De estos gastos, solamente un 4 por 100 representa el costo del funcionamiento burocrático. El resto sirve para financiar las ayudas y los programas integrados. Una objeción que se hace con frecuencia, es la de llamar a la CEE la «Europa de los capitalistas» y de los hombres de negocios. Pero cualquiera que se haya asomado a las tareas internas de la organización puede comprobar, fácilmente, el inmenso repertorio de asuntos sociales y económicos que han ocupado sus trabajos y directivas que nada tienen que ver con los intereses del gran capital. La presencia de gobernantes socialistas en las reuniones del Consejo europeo y en las Cumbres, así como la de los grupos parlamentarios de ese mismo signo y de los partidos comunistas, muestran bien a las claras que «el pluralismo político constituye una de las raíces fundamentales del Tratado de Roma», como dijo Alcide de Gasperi.

Hay quienes reprochan a la CEE su ineficacia o su escasa actividad en tratar de resolver o paliar el pavoroso problema del paro en los países comunitarios y que desborda la cifra de doce millones de parados (que serán quince después del ingreso de las naciones peninsulares). Es difícil buscar remedios urgentes contra el paro. Si se logra un mercado interior o un «espacio común» auténtico es evidente que 320 millones de consumidores pueden estimular el crecimiento económico y devenir más competitivos, frente a los Estados Unidos y el Japón. Es un esfuerzo gigantesco el que se necesita para crear ese considerable mercado interior plenario. Hay que suprimir barreras que todavía existen; formalidades que retrasan el tráfico mercantil; abolir obstáculos jurídicos y fiscales; abrir el acceso de fabricantes exteriores a los concursos de servicios públicos y estimular las inversiones en el campo de las nuevas tecnologías que requieren demanda considerable y gran movilidad de recursos.

Existe un conjunto de programas de diversa índole que se empiezan a desarrollar en el ámbito comunitario obedeciendo a ese propósito. El JET trata de las nuevas energías procedentes de la fusión nuclear. El EURONET DIANE es una gigantesca red de bancos de datos, accesibles por teléfono a los abonados al servicio. El ESPRIT tiene la misión de asociar empresas de microelectrónica e informática avanzada por crear un programa quincenal de iniciativas de investigación. El RACE trata de construir un modelo común de comunicaciones europeas de banda ancha.

El BRITE se propone fomentar y llevar a cabo las investigaciones básicas de tecnología industrial para los países comunitarios. Más adelante aludo en este mismo libro al proyecto EUREKA que también debe incluirse entre los que se plantean ambiciosos programas de renovación tecnológica continental.

En general, la Comunidad estima que, entre 1975 y 1983, ha contribuido con su política social y económica a crear o mantener un millón de puestos de trabajo, más otro gran número de empleos más difíciles de cuantificar y que se refiere a la realización de nuevas estructuras capaces de proteger a los puestos existentes. Durante ese período de siete años, nueve millones de trabajadores han recibido formación profesional o de readaptación técnica a través de los programas comunitarios.

«¿Ha servido para algo la Comunidad?» se preguntaba con cierta sorna un documento de la CEE (5). «Sí; ha servido», es la respuesta objetiva y razonable. Ha demostrado, entre otras cosas, la verosimilitud del empeño que a muchos parecía utópico, en 1949, al celebrarse el Congreso de La Haya. Y lo que resulta evidente es la necesidad de la unión de los pueblos de Europa con el objetivo puesto en los próximos quince años. La revolución tecnológica y comunitaria está aquí, entre nosotros y es preciso aceptarla y adaptarse a ella para mejorar la calidad y el nivel de vida de los europeos.

También ha prestado la Comunidad el gran servicio de mostrar la obligada lentitud del debate democrático si se quiere llevar a cabo de forma irreprochable. Construir Europa con el consenso libre y voluntario de las naciones interesadas es una aventura política, difícil y larga, necesitada de tesón y de paciencia. Pero sólo por ese camino se logrará una institución fuerte y duradera. Cambiar el mapa de Europa es un acontecimiento histórico de primer orden. No podemos pretender que se haga mal y deprisa, sino con lentitud y libertad.

---

(5) N.º 19/20/80

Capítulo 6

Balance de la CEE

La tarea de los europeos contemporáneos es como «aquella de los arquitectos y obreros que hicieron las catedrales de Europa en la Edad Media; era evidente que no iban a vivir para ver el edificio terminado pero sabían que tenían que continuar su labor hasta el final con la mira puesta en las futuras generaciones».

ROBERT SCHUMAN

6.–Balance de la CEE

En ocasión de los primeros veinticinco años de la Comunidad, el entonces presidente del Parlamento europeo, Pieter Dankert, diputado socialista holandés, publicó en la excelente revista *Journal of Common Market Studies* (1) un trabajo de gran envergadura de tendencia crítica que analizaba lo que había sido ese primer cuarto de siglo de vida comunitaria. Nos parece interesante recoger aquí algunas de las ideas expuestas por el juvenil y despierto parlamentario de los Países Bajos, al que conocí, años más tarde, en el seno de la Comisión Colombo.

El autor empieza por descartar a dos grupos de gentes que figuran entre los que discuten sobre la CEE. Son los impacientes que olvidan lo tremendamente difícil que fue iniciar el proceso de la CEE en los años del desencanto y de las dificultades. Y por otro lado, los que niegan que haya bases serias para lamentarse sobre el estado actual del proceso de integración.

Señala el autor el lento camino que nosotros mismos hemos apuntado en los primeros capítulos de este libro, pero va subrayando noticias de interés a lo largo del itinerario. Por ejemplo, lo que significó realmente la creación de la CECA. Es decir, la recuperación de la presencia política y de la independencia de la

---

(1) «The European Community. Past-Present-Future». *Journal of Common Market Studies*. Vol. XXI, n.os 1 y 2, septiembre-diciembre 1982.

R.F.A.; pero al mismo tiempo, la enorme ventaja que la creación de la comunidad representaba para Francia, cuya industria siderúrgica y carbonera estaba tecnológicamente atrasada y con costes altísimos, mientras que el Plan Marshall había permitido al Ruhr modernizarse de golpe. Fue una vez más Jean Monnet, con su genio intuitivo, el que supo compaginar ambos intereses.

También es valioso el análisis de la CECA desde el punto de vista «funcionalista». Se empezaba la integración por el sistema sectorial, pero se le añadía un elemento bien sonante para los «federalistas» que era la «Alta autoridad» de corte supranacional. En realidad esa vieja polémica entre los «tecnócratas» y los «políticos» ha tenido una incidencia constante en el proceso de la construcción europea. El «gobierno de los hombres» y la «administración de las cosas» eran conceptos rivales y en alguna medida, antagónicos. Los «tecnócratas» del funcionalismo pensaban que su incidencia sería tan arrolladora que arrastraría gradualmente a los demás sectores, incluso el político. Tal fue también la tesis de la CEE al ponerse en marcha, dc la que muchos esperaban que, empujada por el éxito económico y comercial, acabaría por desembocar en una cristalización de resultados políticos. Lo que no ocurrió en absoluto. La complejidad de los problemas ha hecho que se vuelva a la concepción política en los tramos actuales de la construcción europea: las Cumbres; las reuniones del Consejo Europeo; y en general, las sesiones de alto nivel.

La tensión «federalistas» – «funcionalistas» ha sido comentada por Martin Slater (2) en un agudo ensayo publicado en 1982 sobre las «Elites; la indiferencia popular y la construcción comunitaria». Slater sostiene que la idea europeísta era esencialmente «elitista» y se apoyaba en pequeños pero influyentes grupos de presión. Según su opinión, Jean Monnet influía directamente sobre personalidades europeas situadas estratégicamente en los distintos países, que tenían vínculos cercanos con los líderes políticos. Pero nunca buscó Monnet, en cambio, el apoyo o sostén directo de la opinión pública.

Así ocurrió que la Asamblea europea –anterior al Parlamento elegido directamente por el voto popular– tenía un escaso nivel de repercusión en la opinión y correspondía a la imagen gubernamental o estatista que era, hasta entonces, la que daba vida a

---

(2) Martin Slater, *Journal.* (id. op. dit.). «Political Elites; Popular Indifference and Community Building.»

la actividad comunitaria. En realidad, ni la corriente paneuropea-federalista, ni los gobiernos de los Seis pensaron seriamente en extender, en esos primeros años, hacia la opinión popular, el conocimiento del proceso de la construcción europea.

Es curioso comprobar que esa indiferencia o desconocimiento de la opinión pública occidental hacia la CEE y su itinerario institucional fue cambiando poco a poco, y se dio la circunstancia de que al ampliarse la CEE de Seis a Diez miembros, en 1973, empezaron las primeras campañas de prensa en el interior de los países aspirantes al ingreso, y el tono polémico, a favor y en contra, alcanzó altos niveles de contestación. Así por ejemplo, la mayoría de Noruega, se mostró opuesta al ingreso por entender que causaría perjuicios a la poco desarrollada población agraria. En Dinamarca, se alegaron razones parecidas y se añadió además los escrúpulos de perjudicar a la solidaridad nórdica. Gran Bretaña vivio una campaña muy movida en contra del ingreso, en la que aparecieron argumentos técnicos del sector agrícola y también razones de soberanía y de liderazgo mundial. Irlanda hubo de sortear una fuerte resistencia al ingreso, debido a su neutralismo y al envenenado problema del Ulster. En una palabra, la ampliación a los Nueve descubrió que había mayor interés por la CEE en la opinión en general, pero que una parte esa opinión era contraria al proyecto comunitario. El político germano Walter Hallstein, que tanto influyó en los primeros años de la CEE en el ritmo de su andadura, pensaba que, por el contrario, eran las *elites* burocráticas las que frenaban el proceso, con sus dilaciones abogaciles y jurídicas y que la opinión latente comunitaria quería que se fuera mucho más allá.

Lo cierto es que el público europeo sí esperaba resultados más espectaculares de los gobiernos nacionales y de la CEE sobre todo cuando apareció, en toda su magnitud, la crisis económica iniciada en 1973. Fue el político belga Tindemans, uno de los estadistas mejor preparados de Europa, el que en el «informe» que lleva su nombre, de 1974, se propuso hacer de la CEE «una institución visible» para el gran público, explicando claramente cuáles eran los beneficios conseguidos con su existencia y apoyando la elección directa de los eurodiputados del Parlamento.

Dankert recuerda en su análisis, las causas que hicieron posible el lanzamiento de la primera fase de la integración, en 1957, al iniciarse la puesta en marcha del Tratado de Roma. A su juicio fueron las siguientes:

a) La reconciliación franco-alemana.

b) La necesidad de resolver problemas apremiantes, como el Ruhr y el Sarre, para los que no había otras alternativas.

c) Las circunstancias especiales y personales de unos cuantos líderes situados en puestos neurálgicos: Schuman, Adenauer, De Gasperi, y la solidaridad de los partidos democristianos europeos. Así como el apoyo socialista en los Seis países.

d) La urgencia para Francia de evitar la competencia alemana era apoyada por los Estados Unidos y los excedentes de carbón y de acero.

e) Una dosis notable de imaginación y propósito decisorio que se hizo presente por vez primera en los niveles de los Seis Gobiernos.

Tindemans solía decir que había que esperar a que se produjera otra vez en Europa una conjunción de circunstancias parecidas, si se quería dar realmente «un salto cualitativo hacia adelante». Quizás convenga evocar aquí la doble vertiente semántica que atraviesa todo el proceso de la integración con vocablos antagónicos. Son dos líneas de perspectiva distinta que están presentes hasta nuestros días en las corrientes y en los líderes que se interesan por este proceso. No deja de ser oportuno dedicarle un párrafo al tema, porque se trata de una «radiografía ideológica» que revela uno de los puntos más contradictorios en la dialéctica de la construcción europea.

Podríamos definir los dos componentes, enumerando una serie de vocablos concomitantes en cada una de las posturas:

a) Integración, Comunidad, supranacionalidad, mayoría, Federación.

b) Cooperación, acuerdo intergubernamental, concertación, consenso, confederación.

La idea de la *«Cooperación»* pareció triunfar en 1966 con la «regla de unanimidad» de Luxemburgo impuesta por el «gaullismo». Después se consolidó esa tendencia con la «Cooperación Política Europea»; El «Consejo Europeo» (1974) y el «Sistema Monetario Europeo»; otros tantos hitos de la evolución (1979). La «Comisión» de Bruselas pecó de tener escaso poder de iniciativa y de depender, más y más, del Consejo de Ministros. La Comisión era el *«chien de garde»* de los Tratados, y llevaba camino de convertirse en un «Secretariado», cuyas propuestas son revisadas por funcionarios de los respectivos gobiernos, antes de pasar al Consejo de Ministros. Tampoco el Parlamento tenía realmente hasta hace poco un poder de iniciativa efectivo y real.

Sin embargo la corriente de la «Integración» fue ganando a su vez pequeñas batallas. Obtuvo que se otorgaran «recursos propios» a la CEE lo cual era un tímido reconocimiento de su autonomía institucional (1971). Ello dio poder fiscalizador presupuestario al Parlamento, y en 1979 se le dio a éste la condición de que sus diputados fueran elegidos por sufragio directo de los ciudadanos.

En 1974, la «Cumbre» de París acabó en un silencioso compromiso entre las dos fuerzas antedichas. Se creó el «Consejo Europeo» y al mismo tiempo se ratificó la elección directa de los eurodiputados. A partir de esa fecha «integración» y «cooperación» comparten alternativamente los vericuetos del proceso integrador en su lento progreso hacia la Europa unida.

El presidente Dankert propone que se lleven a cabo cambios institucionales en profundidad; o bien, enmendando los tratados existentes; o bien sustituyendo, a más largo plazo, el propio Tratado de Roma. También sugiere que se otorgue un papel más importante al Parlamento europeo –que él presidía– dándole mayor poder de iniciativa y de control, frente a la Comisión de Bruselas y no sólo en el estricto terreno de la fiscalización presupuestaria.

También explica los que él supone «temas prioritarios» para el futuro de la Comunidad, considerada como entidad política relevante en la década de los ochenta. Estos temas serían, en primer lugar, la acentuación de Europa como «identidad política» ante la creciente bipolaridad mundial de las dos superpotencias. En segundo lugar, un nuevo examen del problema de la «seguridad europea» y de sus posibilidades reales en un futuro cercano. Y finalmente, el fomento de las relaciones comerciales y de la solidaridad con los países del Tercer Mundo.

También alude a la práctica inexistencia de los partidos socialistas en la política de los Estados Unidos, lo cual es una diferencia notable con la Europa comunitaria en lo que se refiere al mapa ideológico y electoral interior de cada país. El socialismo, en general, rechaza el sistema de bloques contrapuestos y desconfía de la fuerza militar como único medio para proteger los intereses nacionales. Tampoco cree que los socialismos europeos tienen, en sus países respectivos, aspiraciones políticas de carácter expansionista o de influencia universal. Por todo ello piensa que a los países comunitarios les es difícil aceptar la visión «maniquea» del munco y que no se sienten obligados a suscribir, de forma unánime, las posiciones que adopte Washington en muchos temas puntales como pueden ser el Oriente Medio, la política centroamericana o las relaciones con la Europa del Este.

Otro aspecto en que insiste el presidente del Parlamento en su trabajo, es en la necesidad de dar un nuevo giro a la política de la CEE con los países del Tercer Mundo en vías de desarrollo. Los déficits de las balanzas de pagos de esas naciones son enormes y se hacen esfuerzos notables por reducir sus importaciones y aumentar su línea exportadora. Pero la «relación real del intercambio comercial» se ha ido deteriorando de un modo progresivo, debido al aumento de los precios de importación. Con ello el volumen de compras de estos países ha ido descendiendo de forma vertiginosa y los más perjudicados han sido, entre otros, los países comunitarios que venden cada vez menos a esos países clientes y, a la vez, deudores.

Dankert propone que la CEE lance un «World Recovery Program» para resolver esa dramática situación que perjudica a las dos partes, desarrollando nuevos mecanismos de estabilización de precios y de ventajas para la exportación, creando una agencia especial de ayuda para ese sector que representa una parte importante de la población total del mundo.

El círculo vicioso del subdesarrollo y del comercio de Europa con el Tercer Mundo ha sido exhaustivamente tratado en numerosos ensayos e informes en los últimos años y no voy a detenerme en exponer sus líneas generales y los diversos sistemas que han sido propuestos para aliviar las alarmantes perspectivas que ofrece (3). Es en todo caso un problema irresuelto y requiere planteamientos globales de no fácil realización. El estudio del presidente resume finalmente, en su balance de los veinticinco años comunitarios, una visión muy personal del problema de la seguridad europea que brevemente recogemos a continuación por tratarse de una personalidad destacada del socialismo europeo y por ser Holanda una nación en la que existe una fuerte contestación crítica a determinados planteamientos defensivos de la Alianza Atlántica.

---

(3) Véase el Informe de la Comisión de la CEE titulado «El Diálogo Europa-Sur», Bruselas, 1985.

Dankert sostiene que la identidad de la Comunidad futura debiera vincularse más estrechamente con la idea de la seguridad europea y con el problema de la defensa de Europa. Piensa que son conceptos que no pueden dejarse al margen de una noción de Europa futura influyente y activa. Y que cualquier desarrollo de la «Cooperación Política» o de la integración de un mercado común industrial, no debe tropezar con una frontera previa, establecida por la política de seguridad, que no dejaría a las nuevas iniciativas penetrar dentro de su perímetro actual.

Pero también cree que hay una serie de datos nuevos que resultarán de tal importancia, en la práctica, que no será posible ignorar el tema de la seguridad europea en los próximos años. Por ejemplo, las tensiones entre los Estados Unidos y sus aliados europeos, que son bien conocidas. La Alianza Atlántica a su vez está en una etapa de reconsideración drástica de sus relaciones estratégicas con la Unión Soviética. Los progresos tecnológicos del armamentismo de punta lleva a una reorganización técnica de gran alcance. Al escribirse ese trabajo, aún no se había producido el anuncio de la «Iniciativa de Defensa Espacial» por parte de los Estados Unidos, lo que ha llevado esa cuestión a una revisión más profunda todavía.

Por otra parte, la opinión pública se interesa ahora en Europa y en América por los temas de seguridad con mucho mayor detenimiento y con fuerte contenido crítico, a la vez. En Estados Unidos se ha denunciado lo que llaman la «ingratitud europea» o el olvido de las dos veces en que en este siglo Norteamérica intervino directamente en las guerras mundiales para luchar en favor de las democracias liberales. También se ha recordado públicamente, en el Congreso americano, el generoso apoyo económico a la Europa occidental después de 1945, lo que hizo posible, entre otras cosas, la existencia futura de la CECA y aun de la CEE.

Hay otro factor que se olvida con frecuencia y que puede tener una decisiva influencia en las relaciones euroamericanas. Es el desplazamiento de los centros de gravedad de la estrategia internacional hacia otros espacios geográficos. Quizá es cierto que los Estados Unidos no son regidos hoy día, como ocurrió durante las guerras mundiales, por las minorías anglosajonas del Este y del Norte de los Estados Unidos, sino que California y el Sur han ido sustituyendo en importancia a las *elites* bostonianas y neoyorquinas. ¿El mar Pacífico pesa más que el Atlántico como polo de atracción futura? El lejano mar Asiático con sus centros de poder económico –Japón, Corea, Taiwan, Hong-Kong, Singapur– y, eventualmente, la apertura masiva de China a los productos americanos, constituyen un fenómeno económico de indudable repercusión y consecuencias insospechadas en el porvenir. No sería cierto decir que el presidente americano dé la espalda a Europa. Pero sí es prudente afirmar que el Lejano Oriente tiene y tendrá una primordial importancia en el devenir de la gran República norteamericana.

El papel, aparentemente pasivo, que juegan en la Alianza las naciones europeas es otro elemento que es recogido por la opinión pública europea con cierta repulsa. Los diálogos en la Cumbre de las superpotencias acentúan esa sensación de quedar al margen de lo que realmente se está negociando. *Le menage à deux,* como escribió la prensa francesa al hablar de las recientes conversaciones de Ginebra, revela ese estado de ánimo que no corresponde solamente a los sectores más radicales de opinión. El fallo más importante dentro de la Alianza Atlántica es quizá la ausencia de «una sola voz» que represente la opinión política de los europeos ante el más poderoso socio de la Alianza.

Hay una convicción mayoritaria en Europa de que, a pesar de todo, la Alianza Atlántica es necesaria para proteger a Europa de un ataque por sorpresa y para mantener la paz, como ha ocurrido en los últimos treinta y seis años. Pero tampoco es posible olvidar que Europa tiene una evidente influencia sobre Norteamérica y que numerosos movimientos de opinión europeos repercuten, al cabo de un tiempo, en los Estados Unidos, como ha ocurrido con las manifestaciones antinucleares, antes desconocidas en USA, y ahora, miméticamente reproducidas en gran número de las ciudades norteamericanas.

En definitiva, es preciso buscar una solución al tema de la seguridad europea, lo que implica alguna iniciativa en ese ámbito. Fue el presidente Kennedy, que era muy europeo en su formación intelectual, así como su mujer, el que habló por primera vez del «segundo pilar» de la Alianza Atlántica como de una necesaria novedad estratégica «a decidir en los años próximos». Hablaba así en el año 61.

El Plan Genscher-Colombo fue la más articulada de las propuestas encaminadas a ese fin. Dankert termina su comentario sobre ese tema, pronosticando que el asunto de la seguridad europea será uno de los desafíos más tenaces a los que habrá de enfrentarse la Comunidad en la década de los años ochenta. Y que no habrá manera de soslayarlo porque, de no conseguirse una salida, la propia Alianza acabaría resquebrajándose interiormente antes del fin de la década.

Hemos creído oportuno traer aquí el resumen de ese largo trabajo, por considerarlo quizás el más importante de los publicados, a raíz del cuarto de siglo de vida comunitaria por quien ocupaba la cúpula parlamentaria de la Institución. Nos parece de singular valor ese testimonio por venir desde dentro y manifestada por uno de los protagonistas del proceso de integración europeo, más próximo a la tesis «federalista» que a la vertiente «funcional».

Habrá podido comprobar el lector la gran importancia que se concede a los problemas de Seguridad europea. En el capítulo VII de este libro recojo la situación actual de ese problema en el seno de la UEO. Allí señalo que, a fin de cuentas, el «núcleo duro» de la Comunidad son los «Siete» países de la UEO. Y que ello se debe fundamentalmente –todo hay que decirlo– a las reticencias que en esa delicada materia se observa en naciones como Irlanda, Grecia y Dinamarca. La primera, por su neutralismo histórico que no desea abandonar y que no modificará mientras siga abierto el interminable problema del Ulster. Grecia, por su manifiesta resistencia a los compromisos militares y la presencia del enconado tema de Chipre y de las relaciones de mala vecindad con Turquía. Y Dinamarca tampoco ve con simpatía la idea de que exista un sistema de seguridad europea con identidad propia. Así pues, el foro de la UEO sigue siendo el más idóneo para tratar de establecer en torno a él una nueva organización defensiva europea. Sin tabúes, ni limitaciones, y sin mengua de lo que es debido a los compromisos existentes con la Alianza Atlántica.

Capítulo 7

La unión europea occidental

7.–La Unión Europea Occidental

Se ha dicho reiteradamente que la UEO fue el «sustitutivo» que se inventó por la Europa occidental al fracasar espectacularmente la CED en 1954. La UEO ha estado «durmiente» durante muchos años. Desde 1984, parece dar reiteradas señales de vitalidad. ¿Puede la UEO resucitar a una presencia activa en los foros europeos asumiendo un papel protagonista? Se dice que podría cumplir la función de convertirse en «el pilar europeo de la OTAN». España, que tiene ya algunos parlamentarios destacados como observadores en la Asamblea de la organización, está pensando seriamente en solicitar su ingreso en la Unión Europea Occidental. Cuando se habla de la necesidad de asegurar una defensa autónoma del Occidente europeo como base de una Europa unida en el porvenir, se piensa en utilizar a la UEO como instrumento para dicho empeño. Quisiéramos dedicar unas breves páginas a esta institución en la que probablemente seremos admitidos como socios de pleno derecho dentro de los próximos años.

Durante la inmediata posguerra hubo en Europa tiempos en que la ansiedad y el temor dominaban en la opinión pública. La expansión territorial comunista propugnada por la política de Stalin y la intacta presencia del no desmovilizado ejército soviético desplegado en el corazón del Continente desde el Elba hasta Trieste; el bloqueo de Berlín; la escasa capacidad militar efectiva de los aliados europeos de los Estados Unidos; todo ello inducía a establecer sistemas defensivos de urgencia ante lo que se consideraba un peligro inminente de invasión por sorpresa. El 4 de marzo de 1947, se firmaba en Dunkerque un tratado francobritánico de mutuo apoyo militar para el caso hipotético de una resurrección del peliegro invasor alemán, apoyado o utilizado por la Unión Soviética. Un año más tarde, en marzo de 1948, se concluía el Pacto de Bruselas. El Benelux se unió en bloque al Tratado de Bruselas. Era un documento breve. Constaba de un preámbulo y diez artículos. Se trataba de establecer una asistencia mutua automática de carácter militar. Se acordaba una cooperación política, económica, social y cultural. Y había una invitación al arreglo pacífico de eventuales discrepancias entre los firmantes en materia de política internacional ante terceros. Se establecía un automatismo defensivo en caso de agresión armada a cualquiera de los miembros, de acuerdo con la definición de agresión del artículo 51 de la carta de las Naciones Unidas. El Tratado de Bruselas puede considerarse como un antecedente en el tiempo, a la vez, de la OTAN y de la CEE.

Aludíamos anteriormente a la Conferencia de París, convocada en octubre de 1954 con motivo del fracaso de la CED para salir al paso de la grave crisis planteada en Occidente. Fue allí donde la Gran Bretaña tomó la iniciativa de convocar esta Conferencia. Como consecuencia de sus trabajos se firmaron cuatro protocolos anejos al Tratado de Bruselas que configuraban la llamada «Unión Europea Occidental». Se incorporaron a los firmantes la República Federal de Alemania y la República Italiana. Con lo que se remediaban al menos formalmente, algunos de los estropicios causados al desaparecer la CED.

La UEO representa el primer cambio oficial de frente de las potencias occidentales. El Tratado de Bruselas de 1948 pensaba todavía en un adversario y en un peligro alemanes. En la UEO se dio por olvidada la segunda guerra mundial y se mencionaba específicamente la integración de Europa. No se dice en el texto expresamente que el adversario potencial fuera la URSS, pero el sobreentendido es claro y el nuevo rumbo resulta explícito. Desde entonces, aunque cabe la admisión de miembros adheridos, por invitación unánime de los socios, no se ha producido ninguna variación en el número de sus componentes. Últimamente es Portugal quien ha solicitado su ingreso y el Gobierno español parece dispuesto a seguir el mismo camino en un próximo futuro.

Los fines estatutarios de la UEO son los de trabajar por la cooperación, la paz y la integración europeas. Los otros fines económico-sociales y culturales previstos en el Tratado de Bruselas, desaparecen aquí y en cambio se sustituyen por fines de orden militar. Entre ellos cabe indicar los siguientes:

1. Señalar cuáles son las fuerzas que componen la UEO. Lo que comporta una limitación de las mismas y además el compromiso de la Gran Bretaña de mantener fuerzas suyas en el Continente de forma permanente.
2. Establecer a través de la «Agencia de control y de Armamentos» una vigilancia de ciertas normas limitativas. Entre ellas las llamadas ABC (atómicas; biológicas y químicas) y de sus *stocks* respectivos. El Consejo de la UEO funciona y reside en Londres y puede convocarse en cualquier momento a instancia de un miembro. Lo forman los ministros de Asuntos Exteriores respectivos y trata siempre de proceder por unanimidad.

La Asamblea parlamentaria de la UEO es deliberante; sus diputados proceden de la Asamblea parlamentaria del Consejo de Europa aunque son independientes de aquélla. Tiene esa Cámara libertad plena de iniciativas; redacta su agenda y su orden del día. En ocasiones se han observado incluso interferencias entre las dos Asambleas. También hubo alguna vez tensiones entre la Asamblea y el Consejo de la UEO. Funciona un secretario general que es el jefe de las tareas administrativas. La Asamblea y su *greffier* tienen su sede oficial en París.

En lo que se refiere al Control de Armamentos existe una «Agencia» que empezó fiscalizando el rearme alemán. Y el Comité permanente de Armamentos para la coordinación y normalización de los respectivos armamentos nacionales.

La UEO tiene vínculos estatutarios con el Consejo de Europa y con la Alianza Atlántica. Las fuerzas militares de los países de la UEO se hallan, en todo caso, sometidas al mando del comandante supremo de las fuerzas aliadas de Europa.

¿Cuáles han sido los resultados de la trayectoria de la UEO desde su fundación? Haremos un balance objetivo de lo que ha condicionado la vida de la UEO en estos años.

a) El progreso creciente del atlantismo y su importancia y poderío militar han ido quitando protagonismo activo a las tareas de la UEO.

b) Sin embargo la UEO sigue siendo, de hecho, la «porción europea de la OTAN». Es decir que, si se lograse un día la integración política de Europa, la UEO podría sustituir gran parte de las competencias europeas que hoy están insertadas en la OTAN.

c) La UEO jugó un papel importante en acercar a los «Seis» a la Gran Bretaña durante el alejamiento de ésta y sirviendo de contrapeso a la política de los diversos vetos gaullistas al ingreso británico en la Comunidad. Finalmente se convirtió en la «Europa de los Siete».

La UEO es una organización de gobiernos. Pero en su funcionamiento interior, el Consejo de Ministros puede decidir asuntos por dos tercios de los votos o por mayoría simple. Lo cual le confiere, si llegara el caso, una notable flexibilidad decisoria. Hoy día, en que se habla con insistencia de organizar «una política europea de seguridad autónoma», la UEO podría ser aprovechada como el más idóneo núcleo integrador de esa política. Tanto el canciller Kohl como el presidente Mitterrand han aludido en varias ocasiones al «pilar europeo» de la OTAN y a las reformas eventuales de su estructura, aludiendo evidentemente a la existencia de una UEO renovada y fortificada.

Durante el año 1984 se levantaron algunas restricciones que aún quedaban vigentes sobre el armamento de la R.F.A., en concreto respecto a la construcción de bombarderos estratégicos y misiles de largo alcance. «No se concibe una Europa unida sin una común política defensiva. Esto en nuestro tiempo, supone la posesión y disposición de armas nucleares y defensas espaciales», escribe Luigi Barzini en su polémico e incisivo libro (1). Es una opinión que revela la amplia corriente de pensamiento que se va creando en esa dirección.

Francia y Alemania buscan en la UEO un posible instrumento informativo y reservado para establecer mutuos proyectos de producción y diseño de nuevos armamentos sofisticados con tecnologías de punta. En la sesión extraordinaria de la UEO celebrada en octubre de 1984, en Roma, para conmemorar el 30 aniversario de su fundación, se hizo pública una «Declaración» que tenía el carácter de un programa de bases para una acción futura de la UEO. Fue una especie de globo sonda que parecía destinado a preparar a la opinión occidental en ese sentido. Es intere-

---

(1) Luigi Barzini - *Les Européens Sont Impossibles!* Buchet/Chastel. París 1984.

sante analizar algunos párrafos de dicho documento, por ejemplo el siguiente: «Conscientes de la permanente necesidad de fortalecer la seguridad europeo-occidental y de las dimensiones concretas, geográficas, políticas, psicológicas y militares de la Europa occidental actual, los ministros han subrayado su decisión de aprovechar mejor la UEO para fortalecer la colaboración entre sus miembros en la política de seguridad continental.»

El ministro de Asuntos Exteriores de la Alemania Federal, Genscher, pronunció en esa sesión conmemorativa un intencionado discurso en el que muchos observadores creyeron ver apuntado un detallado programa de nuevos contenidos y propósitos para el futuro de la UEO. Genscher dijo, entre otras cosas, «que América espera tener como socio una Europa fuerte y consciente de sí misma. En el futuro, la UEO tratará en su seno de todas las cuestiones importantes de política de seguridad y defensa en las que se recomienda una postura común. El Consejo de la UEO se reunirá, a tal efecto, dos veces al año con los ministros de Asuntos Exteriores y los de Defensa». También anunció el ministro alemán que se suprimirían, por desfasados, los controles cuantitativos de las armas convencionales y que se aumentaría notablemente el flujo de información de la Institución hacia la opinión pública. Asimismo aludió a los proyectos de estudio conjunto de las costosas tecnologías de punta del armamento moderno, así como a la creación de un Instituto Europeo de Investigación de Política de Seguridad. El discurso de Genscher significó probablemente el primer paso público de la UEO hacia un nuevo protagonismo orientado en el sentido de fortalecer el «pilar europeo» de la Alianza Atlántica.

Pero ha sido en el año 1985 cuando se ha producido en el seno de la UEO un salto cualitativo en lo que se refiere al interés de los temas tratados en coloquios, *rapports* y sesiones plenarias de la organización. Un simple vistazo a esa documentación, nos permite deducir la transcendencia del viraje acaecido en la «Europa de los Siete», y lo que puede colegirse de ese sustancial interés que dicha institución revela ahora por los problemas más acuciantes de la defensa europea y cuya actualización no se ha producido seguramente sin deseo expreso de los siete gobiernos que integran la Unión. Brevemente aludiré a esos documentos para ilustrar debidamente al lector aunque sea de una forma somera.

El primero recoge las principales intervenciones surgidas en un «coloquio» celebrado en Munich, durante los días 18 y 20 de septiembre de 1985 (2). Esta reunión tuvo caracteres de cierta importancia por el orden del día de los temas discutidos y el número y calidad de los que acudieron. Hubo un grupo de eminentes expertos y técnicos de ámbito gubernamental. Otro, de diputados de la Asamblea de la UEO entre los cuales figuraba un senador español, don José Manuel Duarte y un núcleo muy numeroso de representantes de la industria y de los científicos europeos, entre ellos algún español. El título del coloquio era «El desafío espacial a Europa».

El discurso del presidente Jean Marie Caro no dejó ninguna duda sobre el propósito y el contenido del coloquio. «Tenemos clara conciencia de que la seguridad de Europa no está solamente asegurada por el despliegue de las Fuerzas Armadas occidentales en el territorio de la República Federal, ni tampoco por los armamentos nucleares de los Estados Unidos y de algunos de sus aliados europeos, sino por el esfuerzo que realicemos en Europa para mantenernos en cabeza de la investigación científica y técnica, especialmente, en lo que se refiere a la dimensión espacial.»

«Sería un error suponer que lo que en 1964 podía aparecer como ciencia-ficción no era en 1985 sino un planteamiento teórico sin interés. Habría que estar ciego para no comprender que cuantas seguridades acumuladas durante cuarenta años de paz, a base de un equilibrio de terror, se hallan sujetas a revisión por la progresiva integración de las ciencias y técnicas espaciales en los sistemas de defensa.»

El contenido de ese discurso (3) es a mi juicio importante porque revela hasta qué punto, y a pesar de los comentarios de prensa, el tema de la «Guerra de las Galaxias» fue examinado y discutido en profundidad por los «Siete» en varias ocasiones. Ninguno de esos países, en realidad, deseaba quedarse fuera de la enorme *retombée* de investigaciones y trabajos que en los Estados Unidos se van a originar en los próximos cinco años del programa de la IDS. En ese coloquio de Munich se dio un paso adelante en la revitalización de la UEO, anticipada por el discurso del ministro Genscher en Roma a fines de 1984. «No se puede dudar

---

(2) *Le défi spatial par l'Europe.* Compre rendu officiel. Greffe de l'Assemblée de l'UEO. 1985.

(3) El presidente Caro se refería al *rapport* presentado en esa misma Asamblea de la UEO en 1964, por el presidente de la Comisión de Defensa y Armamento, Pierre Bourgoin sobre «Progreso en el conocimiento del espacio y sus incidencias estratégicas.» Véase «Colloque» pág. 16.

de que la UEO es el marco en cuyo interior se puede celebrar una consulta entre miembros europeos en la Alianza Atlántica sobre esa cuestión esencial. Se quiera o no, la UEO es el único foro en donde deben tener lugar.»

El lenguaje rotundo del actual presidente de la Asamblea, Jean Marie Caro, se vio después confirmado por el ponente principal de la sesión, el diputado democristiano alemán Lenzer, quien puntualizó con gran precisión los múltiples aspectos derivados de esta toma de posición. Del coloquio de Munich, en septiembre de 1985, se pasó a la sesión ordinaria de la Asamblea celebrada en París después, en noviembre y en diciembre. Allí se debatió con gran amplitud el *rapport* presentado por el diputado Berrier sobre el tema: *«La UEO cara a la iniciativa de defensa estratégica - El pilar europeo de la Alianza Atlántica.»* Basta leer los enunciados del informe para comprender que el centro de las discusiones de los «Siete» sobre su participación o no en el proyecto norteamericano se iba a llevar, precisamente, a cabo en el seno de la UEO. Pero Berrier a su vez, manifestó con realismo que existía escasa unanimidad, por el momento, en revitalizar la UEO como pieza esencial de la seguridad europea dentro de la Alianza Atlántica.

Todavía se dio un nuevo avance en esa misma dirección que comentamos. La Asamblea de la UEO adoptó en su sesión del 4 de diciembre de 1985 un par de textos o «Recomendaciones» (4) que se refieren directamente a la IDS. Proponen entre otras cosas que si fuera posible se lograra una «respuesta común» de los «Siete» a la invitación presidencial norteamericana para cooperar en el programa espacial. Y de no conseguirse esa respuesta común, procurar que se armonizaran las diversas respuestas de los siete países que forman la UEO.

También es interesante notar la transcendencia que se confiere a la nueva «Agencia para el estudio de las Cuestiones de control de Armamentos y del Desarme» a la que se atribuye, entre otras funciones, la de presentar un informe anual acerca de la incidencia de la IDS sobre el control de los armamentos.

El problema de la seguridad europea con cierto grado de autonomía ha estado latente y en estado de dormición durante todos estos años. Y ha sido precisamente la IDS quien lo ha des-

---

(4) Assemblée de l'Union de l'Europe Occidentale. Trente-et-Unième Session Ordinaire deuxième Partie. *Textes Adoptés* - Décembre 1985.

pertado de su letargo al poner en tela de juicio, y de revisión, el conjunto de las relaciones estratégicas Este-Oeste. A su vez esa revisión no ha sido fruto de los caprichos inventivos de unos sabios o de unos políticos americanos ultraconservadores, sino consecuencia del avance sensacional de las nuevas generaciones de armas que han ido apareciendo en los últimos cinco años.

No se habla con claridad de esos temas. Y existe un «tabú» que parece impedir esa clarificación racional a la cual se refieren los tópicos de las propagandas. Por ejemplo, en el marco del Tratado franco-alemán de enero de 1963, clave del arco del europeísmo activo, existe de hecho una concertación nuclear entre las dos naciones, de las cuales una posee no sólo las armas, sino la decisión de utilizarlas, mientras que Alemania Federal sigue impedida de fabricarlas y probablemente tampoco lo desea. Pero aunque el escenario no sea revelado, es evidente que planteamientos como el francés de la «Force d'action rapide» mira a Europa y mira sobre todo a la República Federal.

Por otra parte, es curioso destacar aquí el hecho de que en Francia no existen movilizaciones, ni manifestaciones hostiles al despliegue nuclear de artefactos –como ocurrió en el resto de Europa–, teniendo como es sabido, la V República, una fuerza nuclear propia. ¿Es ello debido a que la decisión, el «centro de la decisión», está en manos europeas y no en Washington? Es uno más de los numerosos aspectos desconcertantes de la delicada cuestión del armamentismo nuclear.

La UEO ¿puede convertirse en el pilar europeo de la OTAN? Hay una Europa nórdica atlantista, lejana y algo reticente a esa iniciativa. Italia, Francia, Bélgica, Luxemburgo y la Alemania Federal apoyan a fondo la iniciativa. Gran Bretaña que es potencia nuclear tiene, probablemente, reservas importantes. Y es, como se ha visto, el primer país europeo que ha firmado un Acuerdo solemne y público con los Estados Unidos para cooperar estrechamente en la IDS.

¿Se opondría la Alianza Atlántica, como tal, a la idea de crear un «pilar europeo» militar con «centro de decisiones estratégicas» propio? La opinión generalizada es que no se opondría, en tanto quedasen bien delimitadas las funciones de los respectivos cuadros de mando. ¿Cuál sería la reacción de la URSS ante un giro de esta naturaleza? Es difícil predecirlo. Pero es evidente que el antiamericanismo, que es hoy el combustible más utilizado por la propaganda anti-OTAN, no sería fácilmente sustituible por otro *slogan* parecido si las iniciativas de la decisión estratégicas se tomasen en Europa.

Y ésa es precisamente la función que desea asumir la UEO cuando habla de convertirse en el pilar europeo de la Alianza Atlántica.

Capítulo 8

«La Guerra de las Galaxias»

«Esta civilización de la que hablamos no es la propiedad de nuestra generación. No nos pertenece. Somos sus guardianes... No es nuestra obra, sino la de los demás. No la hemos creado. La hemos heredado. Nos ha sido donada con la obligación implícita de quererla, protegerla, desarrollarla y transmitirla –mejorada si es posible, pero en todo caso intacta– a quienes deban venir después de nosotros.»

GEORGE F. KENNAN, en *Le mirage nucleaire,*

«Mejor salvar las vidas que vengar los muertos»

RONALD REAGAN

8.–Guerra de las Galaxias

La IDS o Iniciativa de Defensa Espacial anunciada por los Estados Unidos llamada también «Guerra de las Galaxias» y, en el mundo anglosajón, «Guerra de las estrellas» o *«star-war»* ha causado profundo impacto y fuerte polémica en el mundo entero. La «cumbre» de Ginebra entre Reagan y Gorbachev giró en buena parte en torno a este nuevo planteamiento. Comentaristas y líderes políticos de diversa filiación y notable relieve en ambos lados del Atlántico, arguyen que se trata de un proyecto científico-técnico, de dudosa o ninguna viabilidad. Y suponen que el presidente de los Estados Unidos, lo enarbola como argumento dialéctico, que pudiera servir de moneda de cambio, para lograr otras concesiones en su favor.

Pero en Europa y más concretamente en los países de la Europa comunitaria el tema ha sido examinado y analizado con exhaustiva atención, sobre todo desde que el presidente americano hizo llegar a los líderes europeos no sólo el informe detallado y confidencial de la iniciativa, sino también la invitación a colaborar en el gigantesco proyecto cuya primera fase de desarrollo alcanzaría a 1992, fecha en que se supone terminada la etapa de investigación y ensayo, para entrar en el área operativa.

Las reacciones de las naciones europeas han sido de diversa índole y de algunas damos noticia, al final de este capítulo. Pero la transcendencia de esta iniciativa y su repercusión indudable en el área estratégica de la defensa continental hace necesario, a mi juicio, ofrecer al lector una breve noticia sobre el asunto ya que va a repercutir sobre los principios que hoy rigen el concepto de la seguridad europea.

El tema y la polémica acerca de la «Guerra de las Galaxias» se originan en un hecho de transcendental importancia y del que ese proyecto no es sino un reflejo más visible. Ese hecho novedoso representa la etapa final de una época en el campo del pensamiento estratégico y su lenta, pro inexorable modificación. Los equilibrios –precarios– que se han ido estableciendo desde el fin de la segunda guerra mundial hasta los años ochenta, entre las dos superpotencias nucleares, en orden a su capacidad de destrucción mutua, han ido envejeciendo con el transcurso del tiempo, como ha ocurrido siempre en la historia militar del mundo. Hasta ahora, el punto básico de ese sistema de relaciones estratégicas bilaterales era el concepto de la *«disuasión»*. Disuadir es mover a uno, con razones, a desistirle de un propósito. El «paquete» de los diversos acuerdos rusos-americanos sobre ese punto, durante los últimos treinta años, se basaba en el propósito de disuadir al eventual adversario de lanzarse a un ataque sorpresivo contra el otro. Para ello se ha seguido, en ese largo período que va desde 1960 a la década de los ochenta, el metodo de acumular por ambas partes armamentos nucleares de largo alcance estratégico –varios miles de cohetes intercontinentales– capaces de provocar destrucciones mutuas en las ciudades enemigas, causando millones de víctimas y desencadenando al mismo tiempo consecuencias inimaginables respecto al futuro de la propia especie humana sobre la Tierra.

La panoplia nuclear soviética y la norteamericana representan, actualmente, esa amenaza de mutua destrucción en caso de iniciarse una guerra de esa índole. A un ataque por sorpresa, respondería el antagonista con un contraataque igualmente devastador. Si no lo hiciera, ello equivaldría a una rendición sin condiciones. La carrera de los armamentos durante estos veinte años, 1960-1980, consistió sustancialmente en lograr que se mantuviese siempre intacta la capacidad de la represalia total inmediata. *«Represalia»* fue el vocablo mágico del «deterrent», es decir, del planteamiento disuasor. En esa ecuación psicológica y teórica entre las dos grandes potencias, había –y hay mucho todavía– de juego de ajedrez; de tratar de adivinar las reacciones del otro; de ponerse mentalmente en su lugar y tratar de intuir cómo habría de comportarse en la hipótesis de un conflicto abierto. Según esa teoría, cuanto más poderosas fueran las armas destructoras y mayor su número, tanto más segura era la situación defensiva de cada hipotético contendiente. Y así se continuó hasta los comienzos de los años ochenta en que empezaron a modificarse sustancialmente muchos de los conceptos básicos de ese llamado «equilibrio del terror» o en anglosajón «MAD», es decir *mutua destrucción asegurada.»*

Mientras tanto, las grandes novedades de la tecnología militar fueron apareciendo en medio del escepticismo de los expertos. Se avanzó de un modo sorprendente en el empeño de buscar no el acto masivo de la represalia ciega y global, sino el más sutil de destruir, con ingenios de guerra sofisticados, las armas de combate del enemigo. En el teatro de los planteamientos tácticos, es decir, en el escenario de la Europa occidental, se despliega hoy día un arsenal de «armas inteligentes», para decirlo con palabras del *argot* de los expertos. Se trata por ejemplo de inmovilizar cualquier ataque por sorpresa (de efectivos convencionales o de índole nuclear) de corto alcance, con un golpe paralizador a base de utilizar nuevas energías, mandos electrónicos y selectividad automática para alcanzar los objetivos. Y existe asimismo un secreto, pero existente, catálogo de guerra química cuyas últimas y novedosas formas podían tener efectos espectaculares.

En otras palabras, la renovación de los medios de combate ha sido en los últimos años de alcance considerable. Y su concepción sustancialmente distinta. La historia nos enseña que el progreso de la tecnología y la filosofía de la estrategia, son dos elementos de la evolución de las armas que se hallan estrechamente vinculados entre sí; de condición recíproca en sus impactos respectivos y en el ritmo de las innovaciones en curso. Mientras tanto, en esta última década, se producían en el terreno de la teoría de la disuasión basada en la acumulación de armas ofensivas de largo alcance, otras novedades de importancia.

* * *

Podemos resumir el calendario de ese largo proceso de evolución de las relaciones estratégicas, en forma sintética, en torno a unas cuantas fechas.

1. *Agosto de 1945. Se lanzan las dos primeras bombas atómicas sobre Hiroshima y Nagasaki* que inauguran la nueva etapa de la historia de los armamentos. *El monopolio atómico* de los Estados Unidos se inaugura en esta ocasión y va a durar doce años.

2. *1957.* La Unión Soviética lanza al espacio el *Sputnik.* Ello anuncia que Rusia posee el dominio tecnológico de los cohetes de alcance intercontinental. El territorio de los Estado Unidos es, pues, por primera vez, un objetivo vulnerable. La Unión Soviética poseía ya en esa fecha los secretos de la bomba nuclear, obtenidos por investigación y espionaje.

3. *1959.* El General De Gaulle declara que *el paraguas nuclear americano ya no tiene entera credibilidad para proteger a Europa occidental de un ataque por sorpresa de la Unión Soviética.* Es el segundo síntoma de que el monopolio norteamericano ha terminado.

4. *1967.* La doctrina estratégica de las *represalias* elaborada por John Foster Dulles en tiempo del monopolio atómico originario, se convierte, después de diez años de forcejeo dialéctico con los aliados occidentales de la Alianza Atlántica, en la nueva doctrina estratégica de la denomina *respuesta gradual.*

Esta doctrina prevé un rearme de la OTAN en Europa con armas convencionales y con *misiles* nucleares de alcance medio. Y contiene la posibilidad de una respuesta a cualquier ofensiva soviética en tres fases: una primera fase, al nivel de las armas convencionales. Una segunda escalada, que subiría al nivel de utilización de las armas nucleares tácticas. Y en tercer términos una apelación al recurso supremo de utilización de las armas estratégicas intercontinentales situadas en los Estados Unidos. El fallo grave de esa nueva doctrina se hallaba en las distintas interpretaciones que se hacen de la locución *respuesta gradual* en los círculos militares de Europa y de Norteamérica. Los aliados europeos querían el compromiso firme de llegar a la escalada última, en caso de fracasar el escalón primero y el segundo. Los americanos insistían en que el uso del último recurso –el disparo de los *misiles* intercontinentales– era una decisión exclusiva del presidente de los Estados Unidos y no podía incluirse de forma rígida y obligada en el texto de un tratado internacional por ser contraria a la interpretación constitucional.

5. *1968.* Como consecuencia de esa doctrina de la *respuesta gradual* se puso en marcha, otra revisión de las relaciones estratégicas Este-Oeste protagonizada por un nuevo vocablo: *la distensión.* El proceso de la distensión ha durado diez años, de 1968 a 1978. Se deducía, según los expertos de la época, del hecho de que se había logrado un equilibrio no sólo en las fuerzas, sino en

las intenciones. Las dos potencias nucleares habían llegado a la conclusión de que *la paridad nuclear* era la nueva palabra mágica que aseguraba la paz.

* * *

¿Era cierta esa perspectiva un tanto optimista y sonrosada? *La paridad nuclear* ¿representaba, realmente, una balanza estable, un punto de equilibrio indefinido en esas relaciones estratégicas que alejaba el fantasma de la guerra grande? Estados Unidos decidió por de pronto reducir –drásticamente– sus gastos militares en vista de la situación. Nada menos que en un 35 por 100 quedó disminuido el enorme presupuesto de Defensa americano en el curso de esa década –1968-1978.

¿Qué ocurría mientras tanto en el campo soviético? La Unión Soviética aprovechó el espíritu de la distensión para lanzarse al armamentismo. Aumentó notablemente el número de sus divisiones blindadas convencionales y su capacidad potencial. Modernizó con tecnología de punta la aviación táctica de combate, los helicópteros anticarros y la artillería provista de cohetes balísticos. Y desarrolló, en gran secreto, las armas químicas ofensivas y defensivas de nuevo cuño.

Pero el paso decisivo de este rearme soviético se dio también en otro terreno con el despliegue espectacular de la nueva generación de los sistemas nucleares de alcance medio, los cohetes llamados SS-20; equipados con ojivas nucleares múltiples y situados en bases de lanzamiento muy remotas, más allá de los Urales, es decir, invulnerable para el alcance del despliegue defensivo de la OTAN en Europa. Los SS-20 cubren hoy, con su tremenda capacidad destructora, todos los objetivos importantes del dispositivo de la OTAN en la Europa occidental, incluidas las bases de los sistemas nucleares autónomas, británico y francés. Y alcanzan dentro de la sombrilla teórica de sus posibles objetivos las dos terceras partes del territorio español.

La llamada *doble decisión* europea de diciembre de 1979 iniciada por el canciller socialista alemán Helmut Schmidt, con el despliegue inmediato de los «Pershing», fue un primer y modesto intento de darse por aludidos del considerable peligro que el sigiloso y poderoso rearme soviético logrado en el *decenio de la distensión* representaba. La reacción inmediata de las distintas fuerzas de la izquierda europea más radical ante ese despliegue occidental demostró la sensibilidad soviética frente a ese intento de rearme, que salía al paso del *equilibrio de los desequilibrios* conseguido por Rusia ante el largo sesteo de los países de la Alianza entre 1968 y 1978.

* * *

6. *En septiembre de 1979,* Henry Kissinger pronunció un discurso en Bruselas que produjo una oleada de comentarios en la opinión de los aliados europeos. «No nos pidáis seguridades estratégicas que no podamos dar» dijo el ex-secretario de Estado. «O que no quiera un presidente americano llevar a cabo, arriesgando la destrucción de la civilización.» En pocas palabras, Kissinger venía a confirmar que los Estados Unidos *no podían dar la cobertura nuclear automática a Europa* en caso de conflicto, porque ello entrañaba el suicidio de su país y «la destrucción de la civilización».

* * *

¿Por qué se produjo esta solemne y sonada advertencia de Kissinger? Porque durante el sigiloso rearme soviético a que antes me refería, el del despliegue de los cohetes SS-20, se había llegado, asimismo, a un progreso sensacional en la construcción y alcance de los *«misiles estratégicos»,* es decir de los de alcance intercontinental. El sistema de ojivas múltiples (MIRV) realizado por la Unión Soviética representaba no sólo un riesgo superior de capacidad destructora masiva, de ciudades y de industrias en América, sino una posibilidad cierta de alcanzar, por su capacidad de precisión inaudita, los objetivos, a través de un ataque por sorpresa, aniquilando la mayoría de las bases de lanzamiento de los *misiles* estadounidenses *supuestamente iguales y contrarios.* La «paridad» se había convertido así en desigualdad flagrante. O dicho de otro modo: *el efecto disuasorio,* sobre el que reposaba el edificio de la dialéctica nuclear de las dos superpotencias, se había venido abajo por su *falta de credibilidad.* Tanto para proteger a los aliados de Europa como para mantener la ficción de un balance equitativo que había dejado –espectacularmente– de serlo.

Y por esa importante razón, desde comienzos de los años ochenta, los Estados Unidos y la Alianza Atlántica buscaron, afanosamente, una nueva filosofía para la futura estrategia defensiva del Occidente para establecer sobre ella un nuevo sistema de relaciones estratégicas Este-Oeste.

* * *

Ronald Reagan llegó a la Presidencia, cuando esa situación, peligrosa y nueva, ya era conocida por la opinión norteamericana. No es aventurado afirmar que esa conciencia bastante extendida de que existía una amenaza potencial de guerra debido al desequilibrio logrado por la URSS sobre los Estados Unidos, fue un factor; no esgrimido en la campaña electoral, pero sí latente de forma subliminal en el comportamiento de muchos de los millones de ciudadanos que votaban. Reagan no fue nunca un hombre interesado en los problemas de la técnica nuclear, ni de los planteamientos armamentistas nuevos. Sus colaboradores más cercanos confirman que esos temas no le apasionaban. Pero la grave preocupación de los expertos del Pentágono y del Departamento de Estado, que antes señalé, le alarmaron profundamente.

Fue Edward Teller, el famoso profesor de Física, uno de los padres del «proyecto Manhattan», quien dio lugar a la construcción de la primera bomba atómica, el que inició la nueva política en la materia. Teller, cuya capacidad imaginativa de pionero de la ciencia es bien conocida, trató de llegar al presidente para venderle la idea de un nuevo sistema defensivo basado en tecnologías de punta, capaz de procurar una protección casi total a cualquier ataque sorpresivo de cohetes nucleares procedentes del exterior.

La entrevista Teller-Reagan se celebró el 14 de septiembre de 1982, y algunos le atribuyeron la misma transcendencia que la que tuvo lugar en 1943, en plena guerra mundial, cuando se logró que el presidente Roosevelt diera luz verde a la entonces dudosa fabricación del primer artefacto nuclear. Con la diferencia esencial que ahora no se trataba de lograr un arma de ataque y destrucción, sino –por el contrario– de establecer un complejísimo y sofisticado método de anular la intención destructora del eventual adversario. Es decir, disuadir por la imposibilidad de atacar, en vez de disuadir por el temor a la represalia.

El proyecto siguió adelante, discutido y examinado por el Consejo de Seguridad Nacional. Después deliberaron los jefes conjuntos del Estado Mayor y finalmente opinaron el secretario de Estado, Schultz y el secretario de Defensa, Caspar Weinberger. A fines de febrero de 1983, todo se hallaba listo para que la iniciativa fuese hecha pública por Ronald Reagan, en el momento oportuno. Fue al término de un discurso televisivo rutinario, el 23 de marzo de 1983, cuando el presidente añadió dos páginas finales al texto. En ellas revisaba, de golpe, la entera ecuación de las relaciones estratégicas que habían servido de base a los forcejeos dialécticos de americanos y soviéticos desde 1957 hasta nuestros días. La era del «holocausto mutuo» se abandonaba, para dar entrada a una visión del porvenir que dejara un sitio a la esperanza. «Mejor salvar las vidas que vengar las muertes» fue la consigna. El objetivo era «interceptar y destruir los cohetes balísticos estratégicos, antes de que toquen nuestro suelo o el territorio de nuestros aliados.» Tales fueron algunos de los párrafos sustanciales de aquel mensaje.

Las reglas del juego, vigentes desde Hiroshima acá, quedaban, de hecho, anuladas por uno de los protagonistas del duelo dialéctico. El objetivo último era el de convertir las armas nucleares en algo anticuado e inútil. Las ideas de Teller y de su discípulo, el hombre de ciencia americano Heyworth, que a muchos parecían utópicas e inviables, se convertían ahora en la base de la nueva doctrina estratégica de los Estados Unidos.

* * *

Es preciso anotar aquí, otros aspectos interesantes de las reacciones críticas que se produjeron en Norteamérica y en Europa, ante ese anuncio del presidente Reagan. Grupos importantes de reputados hombres de ciencia americanos, consideraron, en efecto, el proyecto como enteramente inviable y fantástico. Y asimismo expuesto a un resultado final negativo y sin ninguna eficacia práctica. Otro sector importante de políticos y de intelectuales liberales americanos como (Mac-Bundy, Kennan, Mac-Naman, Smith y Galbraith), se declararon abiertamente contrarios, y anunciaron que serviría para enrarecer más el ambiente de las conversaciones de Ginebra, desencadenando finalmente una nueva carrera de armamentos. Incluso en la Comisión del Congreso que estudia el aspecto presupuestario, se han expuesto fuertes críticas y objeciones hacia la viabilidad del proyecto.

Pero la URSS ni por un momento se equivocó al evaluar lo que desde Washington se anunciaba. Fueron los mandos políticos y militares de la cúpula de la Unión Soviética los que avisaron de la importancia del proyecto. Comprendieron en el acto la transcendencia de lo anunciado. Y solamente cuatro días después, empezaron su campaña tocando a rebato. Denunciaron el proyecto, diciendo que se trataba de desarmar a la Unión Soviética «al inutilizar la credibilidad de la fuerza de la represalia». Más tarde, atacaron el propósito en el foro de las Naciones Unidas. Y en el curso del año de 1984 y del siguiente, movilizan a la opinión en el occidente de Europa. Millares de manifestaciones fueron creando una sensación de angustia y desprotección, dando a entender que la «Guerra de las Galaxias» significaba poco menos que el abandono de los aliados europeos a sus propias fuerzas, y que el escudo protector que se proyecta está destinado a defender únicamente a la llamada «Fortaleza América», bastión del aislacionismo.

La iniciativa siguió –sin embargo– adelante, entrando en el terreno de las realidades administrativas. En abril del 84, se creó un organismo oficial en Estados Unidos, la SDIO (Organización de la Iniciativa de la Defensa estratégica) que dirige el general del Ejército del Aire, James Abrahamson. Su misión es la de coordinar todo lo relativo a esta iniciativa y especialmente el reparto del enorme presupuesto de cuarenta mil millones de dólares durante cinco años, para lograr que, a través de la investigación científico-técnica fundamental en torno al proyecto, se logre, al comienzo de los años noventa, entrar en la fase de posible ejecución industrial y despliegue efectivo.

El proyecto de la IDS no es por ahora y durante cinco años más, sino un programa gigantesco de investigación fundamental. La Unión Soviética lleva adelante, a su vez, desde hace años, su propio programa de investigación para lograr el mismo resultado, es decir una defensa espacial contra los *misiles* del adversario. Aunque sus proyectos se orienten, instrumentalmente, en otras direcciones, el principio estratégico es el mismo que el de la IDS.

¿En qué consiste en esencia el proyectado IDS? El nuevo sistema se basaría en interceptar los cohetes enemigos durante el vuelo espacial. Para ello se instalarían varias «pantallas» escalonadas de interceptación –hasta siete en el actual proyecto– desde que el cohete salga de su rampa o de su silo, situado en territorio enemigo, hasta que llegue al espacio adversario. La primera fase del cohete es la de «propulsión hacia el espacio», que dura de tres a cinco minutos. El cohete alcanza entonces una altura entre

200 y 300 kilómetros, en el curso de unos 300 segundos. La segunda fase, es la separación del vector o vehículo conductor de las ojivas nucleares que transporta y que emprenden, cada una, el vuelo en sus órbitas independientes hacia los distintos objetivos. Dura esta segunda fase unos veinticinco minutos. La tercera fase, es la de la reentrada en la atmósfera de las ojivas nucleares en busca del objetivo.

Cada una de estas fases recibe en el proyecto, un contraataque previsto, de índole diferente. En las dos primeras fases, los satélites espaciales se encargarían de la destrucción. Aquí, el uso del *laser* y de los «haces de partículas» jugarían un papel decisivo. En la última fase, las ojivas que hubieran logrado penetrar el dispositivo, atravesando las pantallas, serían destruidas por el tiro directo, ultra-rápido, de interceptores situados en el suelo adversario. Es evidente que la base del éxito en el proyecto estará sobre todo en la eficacia destructora de las primeras «pantallas» espaciales protectoras, sobre todo de la primera que tiene sólo 300 segundos de tiempo para actuar. Se calcula que, de ocho mil ojivas disparadas, solamente ocho podrían, teóricamente, atravesar la primera red protectora del dispositivo ideado.

Se dice en las propagandas contrarias al proyecto que se trata de «militarizar el espacio». Pero el llamado «espacio exterior de la tierra» está lleno de satélites en órbita, para los más variados usos –meteorológicos, geográficos, de navegación aérea, de información militar, de control de armamentos. Y la Unión Soviética ha colocado en órbita con éxito un arma antisatélite desde hace diez años –la llamada ASAT– que es la única estación operacional militar que existe en ese ámbito.

La Alianza Atlántica ha acogido con interés excepcional el proyecto IDS por conocer mejor que nadie lo que se ventila en estos momentos en torno al asunto. La grave preocupación que surge respecto a que la «Guerra de las Galaxias» supondría el fin de la protección de Europa por el «paraguas nuclear» de los Estados Unidos –como lo han afirmado algunos– se comprende. Pero el sistema protector serviría contra cualquier clase de cohetes, incluidos los de alcance medio –SS-20 y similares– y los lanzados desde submarinos o navíos de guerra, enemigos. La trayectoria de los SS-20 desde más allá de los Urales hacia el teatro de operaciones europeo occidental, daría lugar a un género de interceptaciones, semejante al de los cohetes intercontinentales. Y un sistema espacial de interceptaciones como el proyectado tiene, por definición, una ubicación rotatoria permanente es decir un «firmamento giratorio», que permite su utilización contra una trayectoria de *misiles* en cualquier lugar del mundo. Incluso puede servir para disuadir las locuras de algún dirigente de un país no alineado, que dentro de diez años hubiera construido, en secreto, un cohete provisto de cabeza nuclear e intentara un chantaje a otro país, amenazándole con la destrucción masiva. La «Guerra de las Galaxias» está proyectada en realidad para acabar con la amenaza de la guerra nuclear, en general.

* * *

La guerra de las estrellas es principalmente un inmenso programa previo de investigación científico-técnico de punta. Sabido es que las guerras –aunque sea triste recordarlo– han ayudado al progreso material de la humanidad, con saltos bruscos e impresionantes. El ejemplo de la primera y segunda guerra mundiales confirman este aserto. Ahora, se trata de conseguir un gran paso hacia adelante en ocho o diez campos fundamentales de la investigación científica y técnica que son también de interés general. Estados Unidos ha invitado a los aliados occidentales a participar en ese quinquenio de estudios y de experiencias. Las reacciones han sido cautelosas y algunas negativas. Francia, por ejemplo, ha enarbolado el proyecto «Eureka» como un sustitutivo de «las galaxias», para los países europeos. «Eureka» está destinada a investigar tecnologías de punta, especialmente en los terrenos de la informática, de la electrónica y de la biotecnología. Y la rapidez con que se ha puesto en marcha revela la importancia que se concede al retraso tecnológico europeo frente a la gigantesca competencia de rusos y japoneses.

Gran Bretaña teme que las «galaxias» acaben dejando en el anacronismo, su panoplia militar nuclear, pero ha aceptado quizás por eso mismo la invitación, firmando un acuerdo específico para no perder el importante activo que supone conocer las grandes novedades que traerá consigo. Helmut Kohl, el canciller alemán ha contestado a la invitación de Reagan, de forma distinta a los demás aliados. Ha planteado la necesidad de que esa colaboración se integre en el programa general de la investigación y obtenga del mismo ventajas tecnológicas de orden sustancial para la Alemania Federal y en «doble sentido» desde sus comienzos. En otras palabras, el gobierno de Bonn no quiere ser un subcontratista al que se le adjudica un trabajo subalterno sin tener el acceso a las fuentes originarias del proyecto.

Horst Teltschik, el consejero de Seguridad del canciller de Bonn, fue el que hizo en Washington la propuesta y pedido una respuesta formal. «Queremos ser socios a parte entera. La tecnología, la estrategia y la política exterior forman un todo.» Helmut Kohl se ha comprometido en público con esa posición, causando gran revuelo su decisión por la importancia de su actitud.

En realidad, la IDS está llamada a revolucionar a largo plazo el uso de las armas nucleares como elemento fundamental de la estrategia de la seguridad. Si el proyecto tuviera éxito, los arsenales nucleares quedarían anticuados y las armas acumuladas se convertirían en chatarra inservible. Por eso la Gran Bretaña ha «madrugado» a los demás países de la Alianza, firmando solemnemente un Acuerdo los ministros de Defensa de Gran Bretaña y de los Estados Unidos, para establecer la cooperación técnica y científica de un modo plenario.

La misma Francia que lanzó el proyecto «Eureka» como alternativa pacífica, no militar, al proyecto norteamericano, ha tomado la decisión de autorizar en ciertas condiciones, la colaboración de empresas francesas en la IDS americana siempre que se establezca una reciprocidad en el flujo de informaciones obtenidas y que no exista «fuga de cerebros» hacia los Estados Unidos. Es otro síntoma visible de la transcendencia de la IDS y de su impacto futuro sobre los arsenales nucleares. Francia es la otra potencia nuclear europea de la Alianza Atántica.

Es evidente que el problema de establecer, en su día, una política de seguridad europea propia, para afirmar la identidad de la Europa comunitaria y de la construcción futura de una Europa unificada, pasa por el problema de la estrategia de la Alianza Atlántica que a su vez está íntimamente relacionada –como hemos visto– con el éxito y la verosimilitud de la IDS en un, no tan lejano, futuro.

Todavía se puede especular más sobre este delicado, complejo y transcendental asunto. Suponiendo que la IDS resulte posible; es más que probable que la Unión Soviética apresure su propio programa de defensa espacial contra *misiles* intercontinentales, encaminado a conseguir un sistema igual y contrario que haga imposible el ataque del adversario. Resultaría entonces un «empate» de poder, pero basado esta vez no en «represalia» sino en «impotencia mutua». ¿Sería muy arriesgado pensar que en los diálogos personales y reservados de los dos líderes de las superpotencias, en Ginebra, se haya considerado la posibilidad de que esa futura fórmula que inutilizaría el costosísimo armamentismo nuclear pudiera servir, para volver a repartirse la influencia respectiva en el mundo, amparados en las pantallas supertécnicas de la invulnerabilidad? ¿Se ha pensado alguna vez en el gran número de aspectos en que ambas superpotencias pueden estar de acuerdo o llegar a establecer convenios que ofrezcan ventajas a las dos partes? El maniqueísmo ideológico que sirve de base a la basta comunicación dialéctica de las propagandas ¿no olvida deliberadamente los ratos en que el Bueno y el Malo dialogan entre sí, echando las cuentas de las partidas de ajedrez que llevan jugando desde que comenzó la guerra fría?

* * *

Las relaciones estratégicas de los dos grandes han entrado en crisis. Y la «Guerra de las Galaxias» no es sino el resultado de esa situación de la que saldrá sin duda un nuevo equilibrio. ¿Dentro de cuántos años? «Nunca se sube a bastante altura cuando se trata de prever el futuro» solía repetir el general De Gaulle. Hay que encarar los problemas tal y como son. Mirar al mañana es necesario aunque parezca algo temeroso. O como decía el presidente Roosevelt: «La calidad de un estadista se mide por su capacidad de prever y de controlar lo que parece inevitable.»

Capítulo 9

El Informe de la Comisión Colombo

«Lo que me parece urgente y primordial es unificar las acciones paralelas del Consejo de Europa y de la CEE y hacerlas convergentes bajo el signo de una Constitución... en beneficio, no de un Tercer Grande de orgullosa potencia, sino de las libertades concretas de los ciudadanos y de sus responsabilidades.»

DENIS ROUGEMONT

«El Consejo de Europa debe, para mantener su credibilidad, actuar como garante de los principios de la democracia y de los derechos humanos.»

MARCELINO OREJA

Discurso de toma de posesión como secretario general. 3 octubre 1984

9.– El informe de la comisión Colombo

El 3 de octubre de 1984 la Asamblea Parlamentaria del Consejo de Europa aprobó la Recomendación 994 que le había sido sometida. En ella se instituía una Comisión de personalidades europeas con el encargo fundamental de formular «las perspectivas de la cooperación política europea hasta más allá del presente decenio». Se designó asimismo la lista de los que habían de ser miembros de esa Comisión: Emilio Colombo, como presidente. Ex presidente de Gobierno. Ex ministro de Asuntos Exteriores. Demócrata cristiano, italiano.

Helène Ahrweiler, rectora de la Academia y canciller de la Universidad de París.

José María de Areilza, ex ministro de Asunto Exteriores; ex presidente de la Asamblea del Consejo de Europa.

Pieter Dankert, ex presidente del Parlamento europeo. Socialista holandés.

Maurice Faure, senador. Ex ministro. Radical de izquierda. Francés.

Knut Frydenlund, ex ministro de Asuntos Exteriores. Socialista. Noruego.

Kai Dwe von Hassel, ex presidente del Bundestag y de la UEO. Ex ministro. Demócrata cristiano alemán.

Alois Mock, miembro del Nationalrat. Presidente de la Unión Democrática Internacional. Austríaco. Demócrata cristiano.

Geoffrey Rippon, ex canciller de Lancaster, diputado conservador británico.

Los componentes de la Comisión concurren a ella a título individual, al margen de sus filiaciones políticas. Las reuniones de la llamada después «Comisión Colombo» comenzaron en enero de 1985. Celebró seis sesiones entre esa fecha y junio del mismo año. Y elaboró el «Informe» que le fue solicitado entregándolo al presidente de la Asamblea, al presidente del Comité de Ministros y al secretario general, en ese mismo mes de junio.

El mandato que, se encargó a la Comisión era definido en los puntos siguientes:

- «Presentar opiniones y sugerencias para reforzar la cooperación entre todos los Estados democráticos de Europa para evitar que se ahonden las diferencias existentes.»
- «Presentar proposiciones audaces y realistas en el ámbito relativo a la vida de los habitantes de Europa y que contribuyen a crear una Europa enteramente unificada.»
- «Examinar hasta qué punto las instituciones europeas actuales se hallan adaptadas a las realidades y exigencias de la Europa futura.»
- «Presentar propuestas de largo plazo y proyectos susceptibles de inmediata realización en provecho del ciudadano europeo.»

La lectura de este programa tan amplio puede parecer algo impreciso y vago al lector. Por ello me creo en la obligación de profundizar brevemente en las motivaciones de esta iniciativa.

En 1984 se perfilaba ya en el horizonte la ampliación de la Comunidad de Diez a Doce, prevista para 1985. A partir de ese momento, la Europa de los 21, tendría por vez primera en su historia, una mayoría de ministros comunitarios en su Comité de Ministros. Y aunque esos Doce miembros del Comité no fueran a votar en bloque, como tales, en las tareas rectoras del Consejo de Europa, sí era evidente que de su presencia resultaba una situación institucional sin precedentes.

En el Consejo de Europa quedan pues, además de los Doce, nueve países que no se adhieren a la Comunidad. ¿Lo harán en el futuro? Es poco probable. Naciones como Suiza, Austria, Suecia, Lichtenstein, mantienen la neutralidad como uno de los elementos constitutivos de su política internacional y podían temer por ella si se adhiriesen al Tratado de Roma. Por otro lado, desde el punto de vista de sus intereses comerciales tampoco está claro que su ingreso les proporcionara actualmente ventajas. A ello hay que añadir el clima restrictivo que existe en los altos niveles comunitarios ante una nueva ampliación, después de haberse llegado tan trabajosamente a los «Doce». Finalmente, una poderosa nación como Turquía, único miembro islámico de la Europa de los 21, no tiene, por ahora, interés en integrarse en la Comunidad. He aquí nueve naciones europeas que no parecen interesadas en abordar la senda de la integración comunitaria. ¿Se puede olvidar a esta Europa que tiene tanto derecho como la otra, a manifestarse como parte esencial de nuestro continente? ¿Se debe contemplar, cruzados de brazos, cómo el Consejo de Europa dominado ya numéricamente por los comunitarios, se vaya a convertir en una Institución secundaria, cuyo papel sería en todo caso «complementario» de las tareas más sustanciales de la rica Comunidad?

Se insistía en el mandato, como puede verse, en evitar que se acentúe esa separación o alejamiento intereuropeo. Y que por el contrario, se procurase buscar terrenos de cooperación común y ámbitos de actividad preferencial para no solapar inútilmente, tareas idénticas con doble e inútil costo (1).

En la «Cumbre» de Fontainebleau de los líderes comunitarios, celebrada en 1984, se nombraron, dos comités «ad-hoc» como más adelante veremos, que llevaron el nombre de «Comité "Ad-hoc" de la Europa de los ciudadanos». Y «Comité ad-hoc para las cuestiones institucionales» o «Comité de las instituciones». Las presidieron, respectivamente, el parlamentario irlandés Dooge, y el italiano Pietro Adonnino. En ambos comités formularon proposiciones de gran interés que en diversas formas llegaron a las masas de las «Cumbres» sucesivas, hasta desembocar en la reunión de Milán y en las discusiones de la «cumbre» reciente de Luxemburgo.

Era pues, obligado, que el Consejo expresara su opinión, des-

---

(1) Franz Karasek, a la sazón secretario del Consejo de Europa hizo hincapié en la falta de coordinación entre el Consejo de Europa y la CEE llamada por Pierre Aubert, actual ministro de Asuntos Exteriores de Suiza «le mal europeen». El Consejo de Europa no es un puente entre dos bloques de países europeos separados, sino la base común de los pueblos europeos comprometidos en el proceso de unificación.

Rivista de Studi Internazionali, Año II, núm. 3, julio-septiembre 1984, páginas 427-435.

de otros ángulos, sobre los mismos asuntos. Europa histórica y geográficamente la componen treinta Estados soberanos e independientes. Cuantos pertenecemos a ese conjunto de naciones, tenemos un profundo sentido de solidaridad de civilización cultural basada en valores comunes. La segunda guerra mundial acabó separando Europa en dos trozos y esta división ha impedido llevar adelante la plena cooperación inter-europea con la Europa del Este. En cambio, se ha producido un fenómeno histórico en la Europa occidental sin precedentes. Y es la homogeneidad ideológica de los Estados occidentales basada en el sistema de la democracia parlamentaria y en el respeto y la vigencia de los derechos humanos. Entre estos Estados hay, no sólo interdependencia, sino un vínculo moral profundo: la solidaridad democrática. Solidaridad que a su vez afirma la identidad de la Europa de los 21 en la Comunidad internacional, ya que se trata del más numeroso conjunto de democracias parlamentarias de las existentes en el mundo.

El Consejo de Europa piensa que su ámbito –el de la Institución «madre» de la que procedieron todas las actuales instituciones europeas sin excepción– constituye un cuadro apropiado para favorecer la cooperación política, y asimismo para poner en valor la unidad cultural del Continente, por encima de la lamentable y episódica división de origen militar y pactada en Yalta. En resumen, la Comisión Colombo se propuso estudiar la forma de incrementar las relaciones políticas entre los miembros de la Comunidad y los que no lo son; y también entre las dos Instituciones consideradas como tales, el Consejo y la Comunidad.

El informe de la Comisión hace una serie de propuestas sobre temas que considera de mayor importancia y actualidad y que enumero a continuación:

I. Diálogo político

La intensificación del diálogo y de la cooperación entre los Estados miembros de la Comunidad y los que no lo son, parece una exigencia obligada de la actual composición del Comité de Ministros. Las recomendaciones de la Comisión son las siguientes:

a) Los temas de ese diálogo debieran versar sobre:

- La armonización de posiciones y actividades sobre los problemas más acuciantes de la política internacional.

- Las relaciones Este-Oeste, teniendo en cuenta el proceso de seguimiento de la Conferencia de Seguridad y Cooperación.
- La relación de la «Europa de las instituciones democráticas» con los demás países que se rigen por auténticos sistemas democráticos en el contexto internacional.

b) El intercambio de criterios entre los miembros de la CEE y los que no lo son, dentro del Consejo de Europa, para acercar cuanto sea posible sus posiciones en reuniones internacionales.
La profundización de los aspectos políticos de la construcción europea debe hacerse de tal manera que permita a todos los Estados miembros del Consejo de Europa, participar en las discusiones que traten de ese proyecto.

II. Consejo de Europa y Comunidad Económica

Sería deseable que la CEE se convierta en un protagonista, con personalidad propia, en la cooperación multilateral del Consejo de Europa. Para ello sugerimos las siguientes propuestas:

a) Establecimiento de vínculos permanentes entre la CEE y el Consejo de Europa (2).

b) Convocatoria de reuniones informales de ministros especializados de los 21, con las reuniones ministeriales de la CEE sobre los mismos temas.

c) Establecimiento de relaciones específicas permanentes entre la Asamblea Parlamentaria y el Parlamento europeo que utilizan el mismo hemiciclo y los mismos escaños en el «Palais de l'Europe» de Estrasburgo.

d) Unificar los símbolos (Bandera; Himno; día de Europa) comunes a las dos Instituciones.

La Comisión Colombo acordó que una etapa esencial de la cooperación había de consistir en que la CEE pudiera adherirse

---

(2) Denis de Rougemont llama a la ausencia de estos vínculos «l'aberration maximale du siècle». Este gran pensador helvético falleció en Ginebra el 6 de diciembre de 1985. Salvador Paniker en un bello artículo publicado en *El País* trazó su semblanza calificándolo de «gran catalizador de Occidente» que estudió temas tan dispares y a la vez tan conexos como el personalismo –junto a Mounier– el amor y la Europa federal y unida.

«como tal entidad», al Estatuto del Consejo de Europa haciendo uso del artículo 230 del Tratado de Roma.

III. Derechos del hombre

1. Protección

La Comisión recuerda que la salvaguarda de los Derechos del Hombre exige un constante esfuerzo de los Estados Miembros para adoptar el sistema de protección instituido por la «Convención europea de los Derechos Humanos» a la realidad de nuestro tiempo; a la evolución de la sociedad; especialmente en el ámbito de los progresos tecnológicos, de la protección de los datos confidenciales, del avance de la biotecnología y del impacto causado por el desarrollo económico en los países miembros.

La Comisión recomienda asimismo:

a) Un mayor control para que se fiscalice con rigor el cumplimiento de esos derechos humanos.

b) El conceder a todos los ciudadanos del Consejo, el derecho individual de recurso ante la Corte de Justicia.

c) La eventual modificación de la situación actual que conduce a existencia de dos jurisprudencias diferentes sobre la interpretación de esos derechos, procedentes por una parte de la Corte europea de Derechos Humanos y por la Corte de Justicia de la Comunidad europea.

2. Democracia parlamentaria

La democracia parlamentaria constituye junto al respeto de los derechos humanos, el binomio fundamental ideológico, tanto de los países del Consejo como de los miembros de la Comunidad.

La Comisión recomienda que se organice la continuación de la «Conferencia de Estrasburgo» de 1983, que versó sobre la democracia parlamentaria. Y que la CEE participe en los trabajos y responsabilidad de esa nueva convocatoria.

Especialmente recomienda que se examinen en ella, los problemas de funcionamiento de la democracia parlamentaria en la sociedad moderna. Y la creación de vínculos permanentes de solidaridad, con las democracias parlamentarias del resto del mundo.

3. Problemas de la sociedad moderna

Los problemas de mayor gravedad de la sociedad contemporánea (terrorismo, drogadicción, paro laboral, poluciones de toda clase) deben afrontarse de forma solidaria por una acción simultánea de todos los Estados democráticos.

A tal fin señala como objetivos urgentes:

a) Elaboración por el Consejo de Europa de una convención de lucha contra el terrorismo que sea aceptable para que los 21 Estados miembros se incluyan en su legislación.

b) Cooperación global para la represión del tráfico de drogas y prevención de la toxicomanía.

c) Adhesión de todos los Estados miembros a la Carta Social Europea; al Estatuto Jurídico del trabajador emigrante y al Fondo de restablecimiento. Asimismo sugiere nuevas directrices de política social frente al paro; a la creciente pauperización de grandes sectores de la población y al índice de envejecimiento, de la población europea.

d) Hacer frente en una acción global y enérgica, al problema del paro juvenil que puede convertirse en el más grave factor desestabilizador de la sociedad democrática.

e) Aplicación intensiva y extensiva de las normas de protección del entorno natural y de los valores ecológicos.

IV. Cultura

1. Identidad cultural

La identidad europea se apoya en los valores de su cultura que son fundamentalmente la libertad del espíritu y el respeto del ser del hombre. Toda la historia de Europa gira en torno a esos principios. Arte, Ciencia, Letras, modos de vivir, forman así el tesoro o patrimonio común de los ciudadanos europeos. Patrimonio que es preciso proteger, enriquecer y exaltar. La Comisión entiende que en la Declaración de Stuttgart de 19 de junio de 1983 se definieron claramente, unas acciones de cooperación cultural complementarias con las que se llevan a cabo por el Consejo de Europa.

Por todo ello, la Comisión estima que para el mejor funcionamiento de la llamada «Fundación Europea», exista una «Alta Instancia cultural europea» que debiera crearse a ese fin, en la que figurasen personalidades independientes, creadores, artistas, científicos y universitarios cuya tarea sería la de estimular, orientar, coordinar y desarrollar la cooperación cultural en Europa.

Asimismo sugiere que se regulen concertadamente proyectos concretos destinados a despertar en los jóvenes el culto al espíritu y a los valores europeos. Se trata pues de sensibilizar a los ciudadanos europeos hacia el avance universal de nuestra civilización y los valores multiculturales de la sociedad europea (3).

2. *Educación y Formación*

El esfuerzo necesario para que la educación de los jóvenes tenga una dimensión europea es considerable.

La Comisión sugiere las siguientes medidas:

a) La movilidad de los estudiantes en Europa, tanto universitarios como los de formación profesional, así como de los profesores.

b) El diploma multinacional de estudios, extensivo a los países del Consejo y válido dentro de ese ámbito.

c) La movilización global para los estudiantes jóvenes, para ofrecer los recursos de trabajo e investigación que posean las Universidades y las Fundaciones culturales públicas y privadas.

d) Los aprendizajes masivos de lenguas extranjeras.

e) Programas de intercambio de estudiantes y profesores.

f) La creación de unas «Universidades de Europa», de nuevo tipo, formadas por la red nacional de las Universidades nacionales, y capaces de otorgar un «Doctorado europeo» de reconocimiento continental.

g) Sugerir al Consejo de Europa que lleve a cabo la elaboración de una «Carta del estudiante y del joven en formación profesional».

---

(3) A este respecto cabe señalar la importancia del Congreso celebrado en Madrid en octubre de 1985 bajo el título «El espacio cultural europeo». Carlos Ripa de Meana se refirió a la hermosa tarea de ampliar el espacio angosto de la cultura comunitaria europea.

Para una interpretación original de los problemas culturales de nuestra época véase el magistral ensayo *La descolonización de la cultura* debido a la pluma incisiva y fecunda de Enrique Ruiz García. Ed. Biblioteca Universal Planeta, 1972.

3. Investigación, Ciencia y Tecnología

La Comisión señala que la suma de los esfuerzos y subvenciones que dedican a la investigación científica los Estados europeos, por separado, es equivalente en cifras aproximadas, al volumen que se destinan al mismo fin en las grandes potencias industriales del mundo. Los resultados sin embargo no son comparables. La suma de veintiún esfuerzos diferentes, no es nunca equivalente a una dedicación análoga, hecha por un solo Estado.

Conscientes de la transcendental importancia de la investigación para el futuro de la sociedad europea, la Comisión propone lo siguiente:

a) Coordinación inmediata, a escala europea, de los planes de investigación científica nacionales.

b) Desarrollo de redes de cooperación científica y técnica en toda Europa.

c) Asociación estrecha de los Estados miembros hacia estos fines.

d) No olvidar que la investigación científica debe también abordar el campo de las ciencias sociales y de las ciencias del hombre.

V. Armonización del derecho positivo

La Comisión entiende que la armonización de los derechos positivos nacionales es de la más alta importancia para la unificación futura de Europa. Sin embargo existen numerosas reservas y ausencias de ratificación en el centenar largo, de convenciones de esta índole que han sido negociadas y aprobadas en el seno del Consejo de Europa.

La Comisión recomienda:

a) La continuación de la tarea armonizadora, especialmente cuando sirve directamente al esfuerzo de unificación.

b) La adhesión de la Comunidad a las convenciones ya existentes aprobadas por el Consejo.

c) La eventual extensión, al resto de los 21 países, de las normas comunitarias de armonización.

VI. Regiones y comunas

La descentralización de los poderes del Estado es una corriente de opinión muy fuerte en los países de la Europa de hoy. La Comisión recomienda a este respecto:

a) Que la «Conferencia permanente de poderes locales y regionales del Consejo de Europa» (CPLRE) tenga asimismo en su seno delegaciones nacionales.

b) Que exista un sistema de consulta de dicha Conferencia con la CEE.

c) Que la «Convención Europea de cooperación transfronteriza» sea ratificada a la mayor brevedad por los 21 Estados.

d) Que se facilite el tránsito de personas entre los ciudadanos de los países del Consejo de Europa como se viene haciendo entre los de los países comunitarios.

VII. Medios para la cooperación

a) La Comisión sugiere que las aportaciones presupuestarias nacionales a las organizaciones de cooperación intereuropeas se diferencien de las subvenciones que se entreguen a otras organizaciones internacionales.

b) Que se otorgue mayor autonomía a las Conferencias de Ministros especializados dentro del cuadro del Consejo de Europa para poder impulsar y llevar a cabo los acuerdos sin mengua de la coordinación del Comité de Ministros.

c) Que se organice un gran impulso global para llegar a una función pública europea unificada.

VIII. La unidad de Europa

Los trabajos de la Comisión se han inspirado en la consideración básica de que las diferentes instituciones que surgieron después de la segunda guerra mundial, aunque actuando en cuadros y ámbitos diferentes, persiguen la misma finalidad que es la de lograr una unión cada vez más estrecha entre los pueblos de Europa.

El criterio que ha presidido los trabajos de la Comisión se ha ceñido a ciertos aspectos de la relación entre el Consejo de Europa y la Comunidad, y muy especialmente sobre el distanciamiento creciente entre los Estados comunitarios y los restantes Estados del Consejo, no pertenecientes a la CEE, como consecuencia de la evolución de esta última.

El informe de la Comisión Colombo con sus anejos y documentación pertinente fue presentada a finales de junio a las autoridades del Consejo y discutido y aprobado en la sesión de la Asamblea de 27 de septiembre de 1985. Como consecuencia de la Recomendación 1017, aprobada en esa ocasión, la Comisión recibió un nuevo mandato para profundizar en algunas de las cuestiones que se evocan en el «Informe» arriba mencionado.

Capítulo 10

El Problema Regional Europeo

«En el siglo XIX sólo el Estado-nación es una autonomía... En el siglo XX se percibe... que la nación es una unidad demasiado rígida para la cooperación y los intercambios; demasiado grande para permitir una participación y demasiado pequeña para las tareas internacionales. Las regiones van a ser las nuevas unidades de base, las verdaderas autonomías de final del siglo XX y del siglo XXI.»

DENIS ROUGEMONT

10.–El Problema Regional Europeo

El tema regional incide con fuerza en la problemática europea por tratarse de una cuestión que se halla presente en la mayoría de las naciones comunitarias con diferentes situaciones y soluciones. De las Doce naciones de la CEE hay algunas que tienen establecido su régimen de autonomías interiores; como España –diecisiete comunidades autonómicas–; Italia: veinte regiones, de las cuales cinco tienen Estatuto especial propio; Bélgica, con dos regiones que son unidades monolingüísticas: Flandes y Valonia, separadas por la lengua. Y un enclave, la capital del reino, Bruselas, en la que pese a la mayoría francófona, los derechos lingüísticos de la lengua flamenca se mantienen enhiestos en la vida cotidiana.

El Reino Unido tiene latente la *devolución* de su autonomía a Gales y Escocia que fue ofrecida por Londres y rechazada en referéndum. El nacionalismo continúa en estado latente aunque no violento. El vínculo del Reino Unido es la persona de la Reina, es decir la Corona. La isla de Irlanda se halla partida en dos. El Ulster de mayoría protestante y de población, mayoritariamente de origen escocés e inglés, y que constituye un trozo del Reino Unido, agitado por una cruenta lucha terrorista mantenida por una parte de la minoría católica irlandesa.

Y la República de Irlanda, de mayoría católica que trata de buscar acuerdos con el gobierno de Londres para dar una cierta autonomía a la Irlanda del Norte, sin olvidar el viejo sueño de una Eire unida. Es interesante observar que al cabo de sesenta años de vida independiente, tan sólo utilizan la lengua gaélica el 30 por 100 de sus habitantes.

En la República Federal alemana, la Constitución estableció el regionalismo federal como una concesión –casi impuesta– a las presiones de los vencedores de la segunda guerra mundial que temían la existencia de una Alemania fuerte, centralizada y unitaria. Los Länder en que se divide la República tienen estatuto de autogobierno propio y policía autónoma. Y el «Bundesrat» o Cámara de los Estados, mantiene poderes muy efectivos y en determinados casos el Canciller puede gobernar con su exclusivo apoyo. Baviera que es el Land con mayor autonomía efectiva y que recuerda a veces que aceptó voluntariamente la unidad constitucional con Bonn, es, en Alemania, la mayor partidaria de que se haga una «Europa de las regiones» e incluso propuso que en el Parlamento europeo existiera una segunda Cámara o Senado que sirviera de órgano deliberante a las regiones de Europa como tales (1).

Francia es la nación centralista por tradición antigua, revolucionaria y jacobina, corroborada por Napoleón, unificador del Estado francés moderno. Existen, sin embargo en el seno del hexágono una serie de corrientes culturales, lingüísticas y políticas de signo regionalista-nacionalista. Señalamos a corsos, bretones, vascos, provenzales, alsacianos y aquitanos como los más conocidos. De Gaulle después de muchas vacilaciones, intentó en 1968, una reforma regional bastante atrevida, sometiéndola a referéndum que al ser rechazado, causó su dimisión. Giscard tuvo asimismo sus proyectos descentralizadores y finalmente ha sido François Mitterrand quien puso en marcha una reforma administrativa regional que no ha calmado las impaciencias y las exigencias de los grupos nacionalistas antes mencionados.

Tal es el panorama sintético del mosaico regional en el área comunitaria (2). El cuadro europeo, no comunitario, añadiría

(1) Esta idea se halla en el origen de una pléyade de organizaciones que agrupan a las regiones europeas más activas. A su cabeza cabe citar al Consejo de las Regiones de Europa –CRE– y a la Asamblea de Poderes Locales y Regionales. Después, ciñéndose a aspectos más sectoriales nos encontramos los CEDRE, CRPM, RETI, etc.

(2) Para una visión directa y amena de las autonomías continentales se puede consultar el sugestivo trabajo *La Europa de las Autonomías* de José Luis Torres Murillo. Ed. Caja de Ahorros de Guipúzcoa, 1985.

muchos componentes más, a la compleja situación. Pero quizás sea más interesante echar un vistazo a los vínculos ideológicos que existen entre la teoría del federalismo –motor importante del europeísmo– y la existencia de los regionalismos europeos. Fue Denis de Rougemont, el recién desaparecido pensador suizo, el que desarrolló la teoría en términos brillantes y un tanto utópicos pero cuyo impacto sigue siendo recognoscible en muchos sectores del pensamiento político actual de nuestro Continente.

Denis de Rougemont culpa al Estado-nación de los males europeos y de ser el causante de la dispersión y de las discordias seculares del Continente. «La inadaptación –escribe– de los Estados-naciones a las realidades políticas, económicas, técnicas y demográficas de nuestro tiempo... es evidente.» «El Estado-nación es un modelo monstruoso que funde, a la fuerza, realidades heterogéneas bajo la hegemonía de una etnia y crea una religión para el pueblo que sustituye a las antiguas (3). Los únicos Imperios modernos subsistentes son la URSS y los USA que son dos gigantescas federaciones. Rougemont propone como ideal para Europa una Federación de pueblos que se articulen en regiones ya que los Estados-naciones, actuales, son demasiado pequeños para defenderse solos en el mundo y demasiado grandes para desarrollar bien todas sus regiones y no logran que los ciudadanos participen activamente en la vida política de la nación. Esto es grave para el cuerpo político que no acaba funcionando como auténtica comunidad.

Precisamente por ser pequeños los Estados-naciones deben federarse a escala continental (creando una Europa unida) y por ser demasiado grandes, convendría que se federalizasen en su interior.

En 1848, los veinticinco pequeños estados suizos siguieron el camino de la Federación que funciona con éxito. Pero en 1949 en el Congreso de La Haya, los veinticinco estados europeos no fueron capaces de rehacerse porque su voluntad de independencia y su estructura les lleva a la rivalidad.

El escritor helvético propone las soluciones que considera más idóneas para la «Unión Europea» del mañana: Hay que cambiar las premisas del problema y buscar la unidad sobre otras

---

(3) Denis de Rougement, «Vers une fédération des régions» en *Naissance de l'Europe des Regions,* Ginebra, 1967-1968.

bases que no sean los Estados nacionales. El federalismo europeo se asentaría sobre los siguientes principios:

«Desarrollemos en común lo que es nuevo. Dejemos a un lado las herencias del pasado cuya unificación costaría demasiado tiempo; exigiría demasiada energía y levantaría demasiadas oposiciones.»

Si se desea unir a Europa hay que partir de algo distinto que de sus factores de división donde el problema resulta insoluble. Hay que fundar sobre aquello que está destinado a ser mañana, la verdadera realidad de nuestra sociedad..., una unidad a la vez más grande y más compleja que la ciudad antigua, mejor estructurada y ofreciendo un ámbito mayor de participación cívica que el de la Nación. Esa unidad se llama la Región (4).

Para Denis de Rougemont, la región es un fenómeno propio del siglo XX, que no debe confundirse con las provincias del Antiguo Régimen, ni con los Departamentos de Napoleón, ni con los Länder, ni con los cantones. Son creaciones modernas nacidas de la combinación de fuerzas diversas que hay que captar y armonizar: «La explosión demográfica, la urbanización galopante, la movilidad industrial y en consecuencia, nuevas concentraciones de recursos intelectuales, técnicos y bancarios, en torno a recursos materiales y naturales, la densidad de redes de comunicación y transporte y la unidad geográfica». «Esa unidad no vendría dada por unas fronteras meticulosas, sino por la fuerza de irradiación de una metrópoli o conjunto de ciudades de tamaño medio, formando el corazón de un país de una población de entre uno a dos millones sin pasar de seis millones.»

En la Europa del mañana, liberada de la tiranía de las fronteras políticas y administrativas, impuestas a las realidades étnicas y económicas, las regiones van a configurarse, organizarse y afirmarse rápidamente. Y como serán jóvenes y dúctiles, llenas de vitalidad, abiertas al mundo, estrecharán entre ellas, relaciones de intercambio tan frecuentes como sea posible, según sus afinidades, según las nuevas realidades que les habrán formado, por encima de las antiguas fronteras nacionales. «Esta evolución de la nación a la región será el fenómeno mayor de la Europa de finales del siglo XX. La política de la Unión Europea debe consistir en borrar nuestras divisiones para dar juego a nuestras diversidades.»

---

(4) Denis de Rougemont, JANUS, núm. 15, 1967, pág. 84.

Rougemont propone sustituir gradualmente en esa Federación europea el término «independencia», absolutista y majestuoso, por el vocablo «autonomía» que le parece más sobrio y que recuerda al gobierno de las ciudades antiguas por sí mismas. «Preferimos –escribe– en el mundo regional, esta libertad modesta de la autonomía real, a la embriaguez de la independencia absoluta e ilusoria, de la que se jactan los Estados-nacionales.»

Esa teoría general del federalismo que llevaría a una Federación europea compuesta de unidades regionales, rechaza a su vez la autonomía de las regiones muy pequeñas y de federaciones más grandes. Sobre la viabilidad o utopismo de esta teoría se han dado numerosos argumentos en favor y en contra y el propio Rougemont analizó algunos de ellos. Lo cierto es que todavía no se han dado pasos efectivos en esa dirección en el ámbito comunitario. La CEE ha llevado a cabo en el terreno regional iniciativas como la del Fondo de Desarrollo Regional –FEDER– y a los apoyos que se dedican preferentemente a zonas deprimidas o subdesarrolladas o a los llamados programas integrados de desarrollo. Es un concepto técnico-económico que trata de utilizarse como criterio de una política de signo regional dentro de la CEE. En 1961, por ejemplo, se convocó en diciembre en Bruselas un coloquio sobre economías regionales que se mantuvo estrictamente en ese terreno sin tocar para nada el ámbito político de la cuestión.

Otros pensadores como Jean Fourastié y Robert Laffont y Jean Buchanan, han abordado en diversas obras el problema regional de Europa desde puntos de vista originales y coinciden en lo sustancial con muchas de las tesis de Rougemont.

Pero creo necesario aludir aquí a un tema interesante para la política española en relación con la construcción europea, precisamente en ese terreno de las autonomías y de los nacionalismos peninsulares. En el *Correo-Español-Pueblo Vasco* del 5 de enero de 1986, leo una entrevista con un eurodiputado vasco del PNV. A la pregunta «¿Qué puede aportar el nacionalismo vasco a la Europa de los Doce?», responde que «Una aspiración propia de la ideología nacionalista es la de profundizar en la regionalización europea. No sé si ese camino nos llevará a la Europa de los pueblos, pero permitirá que las naciones alcen su voz con mayor fuerza para proponer sus reivindicaciones. Por vez primera Euzkadi Norte y Sur se van a encontrar unidas en un marco político. Existe la posibilidad de llevar a cabo actividades conjuntas sobre la política regional europea de los eurorregiones y eurofronteras.» (5).

También el asunto de la «circunscripción única» en toda España o la circunscripción autonómica propia ha dado lugar a posiciones encontradas quedando aplazado el tema hasta que se celebren elecciones directas para los sesenta eurodiputados que corresponden a España (6).

El asunto regional ante Europa ha tenido otras derivaciones en estos últimos tiempos. Se presentó hace algunas semanas en Madrid un libro sobre *Autodeterminación de los pueblos. Un reto para Euzkadi y Europa,* acto al que concurrieron entre otros, el director de *El País;* el filósofo Javier Sádaba; directivos de Herri Batasuna; el abogado José María Montero, Gros Espiell y numeroso público. Las tesis debatidas lo fueron en torno al derecho de autodeterminación que figura mencionando en la Carta de las Naciones Unidas y en el artículo 1.º de los Pactos internacionales de 1966; así como en la importante resolución 2625 de 24 de octubre de 1970 de las Naciones Unidas.

Aunque el tema es muy complejo y los juristas discuten sobre el alcance y aplicación de ese principio, es evidente que será objeto de polémica interpretación en los tiempos venideros.

En el Consejo de Europa se celebró, en noviembre de 1985, una Asamblea General de las Regiones de Europa en las que se habló de la unificación de las instituciones relacionadas con las regiones. Se pidió más participación en las decisiones y una mayor autonomía, y se habló incluso de un futuro «Senado Europeo» con representaciones regionales. En esta Asamblea participaron, casi todos los sectores regionales europeos activos, menos la Aquitania y los vasco-franceses. De España acudieron to-

---

(5) A este respecto es interesante conocer el «Planteamiento político, socioeconómico y cultural» aprobado por la Asamblea nacional del PNV, en marzo de 1977, en el que se aborda este tema con detalle.

(6) Otro episodio que demuestra la existencia de un proceso regionalista en marcha, en la opinión europea, lo revela la reunión, en diciembre del 85, de una «Conferencia de las Naciones sin Estado de la Europa Occidental» (CONSEO) que pretende convertirse en un parlamento estable y al que acudieron dieciséis regiones europeas representadas por sesenta delegaciones. Se trataba de fortalecer la nacionalidades sin Estado y hacerlas caminar hacia la «Autodeterminación». La CONSEO se empezó a gestar en el Centro Internacional Escarré de Estudios de las minorías étnicas. *EL PAIS,* 30 diciembre, 1985, pág. 15. En un sentido opuesto, véase el duro discurso del ministro de Administración Territorial, Félix Pons, en el Club Siglo XXI de Madrid, el 16 de diciembre de 1985.

das las representaciones autonómicas, menos Cantabria, y cinco presidentes de Comunidades Autónomas los de Cataluña, Canarias, Aragón, Valencia y Baleares.

Según la Constitución las relaciones exteriores son competencia exclusiva del Estado. Pero como los asuntos CEE afectan a las autonomías y sus competencias, se plantea el problema no resuelto de cómo coordinar esta discordancia, ya que según el artículo 93 de la Constitución cuando se atribuya a una organización internacional competencias derivadas de la Constitución (por ley orgánica) corresponde a las Cortes Generales y al Gobierno, según los casos, la garantía del cumplimiento de esos Tratados y de las resoluciones emanadas de los organismos internacionales o supranacionales titulares de la cesión (art. 93, párrafo 2). Este párrafo está pensado para las directivas de la CEE pero no resulta claro respecto a las autonomías, y los diversos Estados europeos han adoptado distintas medidas de cara a la participación de las autonomías en la negociación de las normas CEE.

En España no hay nada previsto aunque el Gobierno ha propuesto un Convenio a las Comunidades Autonómicas para «procurar incorporar» sus sugerencias en las propuestas que España formule en la CEE también llamada *fase ascendente* y para resolver discrepancias en la ejecución de las normas de la CEE. Para ello podrían celebrarse reuniones y crear Comités mixtos y celebrar conferencias sectoriales, por temas entre los interesados. El Gobierno propone un recíproco intercambio de información sobre los anteproyectos de desarrollo y ejecución de las normas de la CEE dentro de los límites de celeridad que impone la defensa eficaz de los intereses generales del Estado. Y además, en el supuesto de que alguna Comunidad Autónoma viole las normas CEE al aplicarlas, el Gobierno podrá intervenir según la Constitución. Es decir, que el tema no está nada claro y aunque el citado proyecto de convenio (que no tiene carácter de ley) dice que «toda comunicación con las instituciones comunitarias se llevará a cabo a través de los mecanismos de acción exterior del Estado», lo cierto es que las Comunidades Autónomas no parecen resignarse a perder la posibilidad de tener oficinas en Bruselas. Además los presidentes de nuestras Comunidades Autónomas viajan con frecuencia a Europa como tales pese a las reticencias del Gobierno de Madrid.

Para terminar, diremos que el problema más apremiante relacionado con ese tema es éste de la aplicación en España de las normas comunitarias y las relaciones entre esas Comunidades

Autónomas y la CEE. Según la Constitución, las relaciones exteriores son competencia exclusiva del Estado. Pero como los asuntos de la CEE afectan a las autonomías y sus competencias, el irresuelto problema es el de la coordinación de ambas jurisdicciones. Aunque mucho menos aireado que el tema de las circunscripciones es aquí donde late el verdadero problema. Quizá una forma de resolverlo podría ser introducir a representantes de las Comunidades Autónomas interesadas en los Comités de la Comisión y del Consejo de Ministros en los que se elaboran las políticas comunitarias. Otorgándoles el *status* de representantes de Estado junto a otros de la Administración Central.

En resumen, puede decirse que el problema regional de la construcción europea está planteado pero no resuelto. Y pienso que no es aventurado afirmar que ha de jugar un papel muy importante en las modalidades definitivas de la estructura funcional de la Unión Europea del mañana.

Capítulo 11

El Proceso de Integración Europeo. Nuevos proyectos y cumbres

«Construyamos Europa, no sólo como un gran Mercado Común, sino, sobre todo, como una gran familia humana.»

SALVADOR DE MADARIAGA

11.–El Proceso de Integración Europeo. Nuevos proyectos y cumbres

En 1969 se produjo el primer cambio importante en la historia comunitaria, en la reunión de La Haya que sirvió para ampliar de Seis a Nueve, los Estados miembros. También se constató en ella que el «funcionalismo» burocrático no tenía ímpetu suficiente para que la idea de la Unión progresará de un modo visible. La CEE se había quedado estancada en un «Mercado Común», por lo demás próspero y creciente, al que sus detractores calificaban de la «Europa de los mercaderes».

Era necesario insuflar un aliento político para que la CEE no renegara de sus fines esenciales integradores (1). El propósito se intentó varias veces a partir de esa fecha. Vamos a enumerar brevemente la serie de reuniones y acuerdos que pueden considerarse como los «pequeños pasos» que se dieron para llevar hacia adelante el proceso integrador.

En 1970 se pone en marcha la llamada «Cooperación Política Europea (CPE) contenida en el llamado «Informe de Luxemburgo». Esta primera intentona de unificación de criterios, se va de-

---

(1) Walter Scheel en su discurso del 12 de noviembre de 1973 declaraba: «Europa ha madurado más allá de la ciega creencia en que la unidad política seguiría automática e inevitablemente al establecimiento de instituciones comunitarias en el terreno económico. Desgraciadamente esta concepción se ha descubierto como falsa. Los impulsos que integrarán Europa también en el campo económico, deben provenir de la política.»

sarrollando y ampliando en 1973 en Copenhague, y en 1981 en Londres, con el resultado de obligar a los nueve países a consultarse entre sí antes de tomar una decisión en materia de política exterior (2).

Ese importante acuerdo no era vinculante y podía definirse como un simple *gentleman's agreement* sin base obligatoria de orden jurídica. A pesar de ello el sistema ha funcionado con eficacia en los primeros años de la crisis y produjo en frase acertada del embajador Schoutheete un «reflejo de concertación», entre los diplomáticos comunitarios que sirvió para lubrificar en más de una ocasión las posiciones encontradas. Este hábito suponía un paso más hacia la CPE.

El balance de la «Cooperación» durante esos años fue positivo y se reflejó en las votaciones en la ONU que fueron bastante unánimes en lo relativo al voto de los Nueve. Desde 1977 puede decirse que ningún voto ha sido contrario abiertamente a otro país comunitario y con ello se aumentó la cohesión de la política externa de la Comunidad. El gran número de reuniones y sesiones de ministros comunitarios, celebradas en esos años, hizo más fácil llegar a los «consensos globales». Se produce también un interesante «reflejo presidencial» que obliga, de hecho, a los representantes políticos o diplomáticos de la nación que preside durante un semestre la CEE y simultáneamente la CPE a solidarizarse con el interés general de la Comunidad, ya que lógicamente se siente más «europeo» que nacionalista, en las actitudes que adopta cara al exterior.

Un ejemplo de esas «concertaciones» diplomáticas comunitarias, puede verse en las actitudes relacionadas con la Conferencia de Seguridad y Cooperación en Europa, en Helsinki, en los apoyos a las emancipaciones democráticas en Latinoamérica y a la conferencia de Contadora, y en el delicado tema *appartheid* en Sudáfrica, entre otros.

El progreso hacia una política consensuada era evidente pero no suficiente. En el «Informe de Londres» se dice «que pese a todo lo que ha sido logrado, los Diez están todavía lejos de ini-

---

(2) Para más información sobre la CPE (Cooperación Política Europea) puede consultarse la obra ya clásica de Philippe Schoutheete, *La Cooperation Politique europeene,* 1980, Bruselas. En castellano puede consultarse *Algunas reflexiones sobre la Cooperación Política Europea,* monografía de la Escuela Diplómatica de José Félix Merladet (1985) y otros trabajos mencionados en la bibliografía.

ciar en el mundo, un papel ajustado al peso de su influencia combinada».

Retomando el hilo del proceso, diremos que en 1973, con la aparición de la crisis del petróleo que supone el deterioro del clima de prosperidad y de la política económica de crecimiento, se da también la reunión de Copenhague en cuyo «Informe» se refuerza la idea de la «Cooperación política» con un texto que dice: «Cada Estado se compromete como regla general a no fijar definitivamente su propia posición, sin haber consultado a sus socios en el marco de la cooperación política.»

Ese compromiso es aún, hoy día, el máximo límite al que se ha llegado en el camino de la «Cooperación Política». ¿Mucho? ¿Poco? Sobre esa base ha caminado el proceso de la integración hasta la reciente Cumbre de Luxemburgo en la que, como veremos, el paso cualitativo hacia un «Tratado de Cooperación Política» ha sido considerable.

También en Copenhague y en el mismo año tuvo lugar la «Declaración de Copenhague» firmada por los Ministros de los Nueve, después de la Cumbre celebrada en aquella capital. En ella se aborda explícitamente la noción de «identidad europea». Esa declaración contiene unas concepciones ideológicas comunes y un propósito de actuar unidos. El documento de Copenhague tiene tres partes. La primera parte incluye la definición de los principios comunes a los Nueve: Democracia representativa; Derechos humanos; Imperio de la Ley; Justicia social. La segunda parte, se refiere a las relaciones exteriores de la Comunidad, a las responsabilidades asumidas y al lugar que ocupa Europa en el ámbito mundial. Es interesante el párrafo que alude a las relaciones con los «Estados Unidos» que no deben afectar –dice– a la determinación de los Nueve de afirmarse como una entidad distinta y original sobre una base de igualdad y de amistad.

La tercera parte de esa «Declaración» subraya «el contenido dinámico de la construcción europea cuya evolución condicionará a su vez la noción misma de la identidad europea». Esta declaración de «Identidad» aunque para muchos críticos tenía solamente el carácter de ser una definición teórica, significó un punto de partida importante para las formulaciones que vendrían después.

En 1974 se celebró, en diciembre, la Cumbre de París. En ella se habló de una «concertación diplomática» en todos los campos que afecten a los intereses de la Comunidad y se crea el Consejo Europeo con periodicidad trianual que actúa como un Consejo de Ministros extraordinario y en el marco de la cooperación política. Fue el presidente Giscard d'Estaing quien exigió ese compromiso a cambio de aceptar Francia la elección del Parlamento europeo por sufragio universal directo. También se anunció en esa Cumbre –con indudable optimismo– que «la Unión política de Europa se llevaría a cabo en un plazo de seis años y culminaría en 1980» (3).

Ese anuncio formal obligó a los reunidos a solicitar del jefe de gobierno belga Tindemans, la elaboración de un documento que definiera lo que podía ser una concepción de conjunto de la llamada «Unión Europea». El que se llamó después «Informe Tindemans» es uno de los documentos-clave para describir el proceso de integración. Empieza por afirmar su contenido pragmático y declara que «antes de elaborar nuevos Tratados europeos, convendría profundizar en el sentido y en el contenido de los ya existentes». Tindemans es el primero que denuncia los Acuerdos de Luxemburgo, o de la «unanimidad», del año 1966, como uno de los cerrojos del funcionamiento de la CEE. Propone la elección directa de los eurodiputados; sugiere que la «Cooperación Política» y el «Consejo Europeo» se integren en los Tratados existentes y no queden fuera de su texto.

Insinúa finalmente que para dar satisfacción a los países más afectados por la crisis, se puede concebir una «Europa a dos velocidades» que pudiera considerar la existencia de unas naciones menos perjudicadas por la crisis que tuvieran capacidad de impulsar hacia adelante el proceso de una integración más que otros Estados miembros seriamente afectados por la situación económica (4).

---

(3) En la declaración de la Cumbre de París de octubre de 1972 se hizo una mención a «la intención de transformar antes del fin de la década el conjunto de sus relaciones en la *unión europea.*

(4) La Europa de dos velocidades supone la integración escalonada con objetivos comunes y fechas de realización flexibles. La Europa a geometría variable supone la cooperación en grandes proyectos industriales y en proyectos puntuales que requieren acuerdos entre gobiernos. La llamada Europa a la carta supone una integración *ad libitum* en que cada Estado es libre de obrar a su conveniencia de un marco general.

La Europa de los círculos concéntricos es otra descripción geométrica que sitúa a los países fundadores que aspiran a una mayor integración política en el centro de un dispositivo en cuyas periferias concéntricas se colocan aquellas nociones que prefieren fórmulas de cooperación laxa.

Puede consultarse: Laugeheine y Weinstock, *Abgestrifte Integration Line Alternativa zum herkömlinchen - IntegrationsKonzept.*

El Informe Tindemans fue muy elogiado por sus colegas, pero acabó siendo catalogado como un documento más, del largo itinerario de la integración. Algunos de sus puntos, sin embargo demostraron su validez, como por ejemplo el que las reuniones de la Cooperación política y las de las Comisiones de Ministros, se rigieran por un «Centro de decisiones» de carácter único. Tindemans quiso lograr un equilibrio entre su federalismo ideológico y su condición de hombre de Estado prudente y realista. Pero aún no estaba madura la Comunidad para seguir sus orientaciones.

Los federalistas a ultranza, como Altiero Spinelli, lo criticaron ásperamente, acusándole de que recogía la opinión de los gobiernos y de los líderes políticos y desdeñaba la opinión popular. Spinelli llamó «insignificantes» las propuestas de Tindemans. Y calificó al «Informe» de «una manifestación de arrogancia de los jefes de gobierno que se creen autorizados a formular y decidir las políticas comunes».

En 1979 se celebraron las primeras elecciones al Parlamento europeo por sufragio directo. Fue una novedad importante y un punto de partida para la reforma del dinamismo interior de la CEE. En ese mismo año se creó el S.M.E. con la exclusión voluntaria de la Gran Bretaña. (La libra esterlina quiso vivir su vida.) La Cooperación Política fue ampliando lentamente su concertación hacia nuevos problemas, como el terrorismo internacional y la creación de un «espacio judicial europeo» desde 1978.

En 1979 aparecen nuevos informes de diversa índole sobre la marcha de la integración. El llamado de los «Tres Sabios», redactado por Dell, Marjolin y Biesheuvel. Y Spierenburg presentó otro que lleva su nombre en el mismo año. Pero lo más relevante de esa época fue la presentación en el Parlamento europeo, en 1981, del llamado plan «Genscher-Colombo» por haberlo redactado ambos hombres de Estado que ejercían en ese año, los ministerios de Asuntos Exteriores, en Bonn y en Berlín. En realidad aquel acto desencadenó todo el proceso de reforma institucional que se reveló como necesario para dar un paso decisivo hacia el proyecto final de la Unión Europea. Mientras tanto, en 1981 se redacta asimismo el «Informe de Londres» en el que se toman medidas pragmáticas de orden interior pero que demuestran sobre todo la existencia de un vivo espíritu de reforma de la estructura administrativa de alto nivel de la Comunidad.

Se articula un procedimiento de crisis, para organizar una reunión de la «Cooperación Política Europea» en cuarenta y ocho horas, a petición de tres naciones. También se establece un ritmo periódico para las reuniones oficiales de los Ministros de Exteriores durante el año –cuatro veces– y un par de veces, con carácter puramente informal, sin orden del día, ni funcionarios presentes, ni comunicados de prensa finales. El propósito era el de establecer un contacto periódico abierto, distendido, de gran libertad, para contrastar información y opiniones, entre los nueve colegas de la CEE (5).

Y así llegamos en 1983, a la Cumbre de Stuttgart con su «Declaración» solemne en la que es preciso buscar el origen de la reciente reunión de Luxemburgo con toda la carga positiva que contiene. En Stuttgart, antigua capital del reino de Würtemberg, se aprobó, el 19 de junio del 84, una «Declaración solemne de la Unión Europea». Se basaba su contenido en el plan Genscher-Colombo que lleva el título genérico de «Acta Europea».

En el Preámbulo de la Declaración se halla el párrafo siguiente: «Los Jefes de Estado o presidentes de Gobierno de los Estados miembros de la CEE, resucltos a proseguir la obra emprendida sobre la base de los Tratados de París y Roma y a crear una Europa unida, necesaria más que nunca para hacer frente a los peligros de la situación mundial y capaz de asumir la responsabilidad que le corresponde en virtud de su papel político, de su potencial económico y de sus lazos con otros pueblos...» (6).

El lenguaje es esta vez rotundo y afirmativo. Se puede definir la «Declaración de Stuttgart» como un punto de partida para un verdadero proyecto constituyente de la unidad europea. La construcción europea anunciada en la Declaración debe orientarse hacia objetivos políticos de alcance general y una estrecha coordinación entre todas las ramas de la frondosa administración de la CEE. También en Stuttgart se anunciaron nuevas actividades, culturales, legislativas y de lucha contra el terrorismo.

Dato curioso es, el de que en esa declaración aparece una mención específica de la «seguridad» europea, hasta esa fecha ausente de los comunicados de las Cumbres. Es un síntoma que coincide con la actuación de la UEO también propiciada, por Genscher y Colombo, como puede verse en el capítulo VII.

Paralelamente, en el Parlamento Europeo se dio en enero de 1983 un paso semejante. El llamado «Informe Haagerup», invita-

---

(5) Esas reuniones que se iniciaron en 1974 en el castillo alemán de Gymnich, se llamaron con ese nombre para identificar su calidad de diálogos informales.

(6) Bol. C.E. o/1983.

ba a la CEE a ocuparse de los problemas de la seguridad europea a pesar de los Tratados fundacionales que ignoran la materia.

La mentalización se produjo con actos como la iniciativa sugerida públicamente por Raymond Barre, de extender la garantía nuclear francesa a la República Federal de Alemania. Y en la declaración de Giscard d'Estaing de crear eventualmente, nada menos que un «Consejo europeo de Seguridad» (7).

Los frutos mediatos más importantes de la «Declaración» fueron sin duda, el proyecto presentado al Parlamento Europeo por Altiero Spinelli y otros parlamentarios y que fue aprobado allí por gran mayoría. Y el «Informe Dooge», del que luego haremos mención y que trata de aclarar las modificaciones eventuales que habían de hacerse en las Instituciones para lograr un progreso importante de la construcción europea.

Altiero Spinelli es una notable y relevante personalidad del movimiento federalista europeo. Es quizás la figura más popular y conocida de esa tendencia y combina a la vez el tono mesiánico de la utopía con el látigo de la ironía y del desprecio hacia los obstáculos que se oponen a sus propósitos. Representa la continuación del pensamiento del Coudenhove de los años de la preguerra, y rechaza todo intento pesimista o apático. El voluntarismo de Spinelli es la consecuencia de su convicción de que son los hombres los que mueven a los pueblos. Y a veces, pocos hombres, un puñado de ellos, dispuestos a emplearse a fondo en la tarea. Spinelli cree sinceramente que su proyecto es el penúltimo capítulo que antecede a una Europa unida de tipo federal.

Dedicaremos unas líneas a este proyecto por considerarlo un importante documento político y jurídico elaborado por el Parlamento Europeo.

Este proyecto de «Unión Europea» fue adoptado por el Parlamento por gran mayoría, el día 14 de febrero de 1984. Por tratarse del primer parlamento comunitario elegido por sufragio universal directo, su decisión tuvo indudable repercusión ante la opinión pública. El Parlamento tenía dos caminos para colmar su mandato legislativo que expiraba precisamente en ese mismo año de 1984. O plantear nuevas exigencias, ofreciendo soluciones drásticas, en contraste con la prudencia y el apocamiento del Consejo de Ministros de la Comunidad. O redactar valientemen-

---

(7) R. Barre, *L'Europe occidentale - Declin ou Renouveau,* en *Commentaire* núm. 18, pág. 207.

V. Giscard d'Estaing, *Le Monde,* 19 febrero 1983.

te toda una «Constitución», ex-novo, asignándole a Europa una serie de objetivos e instituciones renovadas, para lograr la Unión Europea.

Spinelli convenció a la mayoría de los parlamentarios de que era mejor esta segunda solución, aunque fuera total. Tenía, según él, la ventaja de conferir una especie de investidura solemne a los eurodiputados, haciéndoles sentirse «constituyentes» con cierto regusto historicista. El origen del proyecto se remontaba al año ochenta. Se originó, como es frecuente en Francia y en Alemania, en torno a una mesa bien provista, de exquisitas viandas. En la gastronomía de Estrasburgo, el restorán el «Cocodrilo» lleva la puntuación máxima en orden a la calidad de los productos y a la sabiduría del condimento. Estrasburgo tiene en julio, los espárragos olorosos, las fresas restallantes, los jamones perfumados y los mejores pescados del mar del Norte, cada vez más cercanos y más frescos. El vino obligado de estos ágapes es un caldo de las mágicas orillas del Rin, capaz de aunar voluntades dispersas. Cuando yo presidía la Asamblea del Consejo de Europea, solía convocar a todos los jefes de grupo parlamentario, a degustar los platos y los vinos, y a llegar en torno al postre desbordante de dulcerías fronterizas, a un consenso para las votaciones difíciles y enconadas del día siguiente. Al final, aparecía en el reservado, la guapa y espigada dueña del «Cocodrilo» y me dirigía una pregunta: «¿Qué tal ha ido todo?», de doble intención; gastronómica y política.

El proyecto Spinelli nació en ese reputado lugar de la alta cocina europea. Varios parlamentarios se concertaron para llevar adelante la iniciativa bajo la inspiración de Spinelli. El «Club del Cocodrilo» al que la prensa local, tomaba un poco a broma, se fue convirtiendo en un importante grupo dentro del Parlamento. Un año más tarde, en julio de 1981, el Parlamento acordó crear una «Comisión institucional», permanente, para estudiar la eventual modificación de los Tratados de Roma y de París. La suerte estaba echada.

La «Comisión» empezó publicando un Libro Blanco que contiene todas las propuestas institucionales que se han elaborado desde 1952 a 1982 sobre el tema. Redactó después dos informes y un anteproyecto provisional. Más tarde se entregó ese anteproyecto a un Comité de juristas (8) que redactó un texto definiti-

(8) Capotorti, Jacobs, Jacqué y Hill. Ver su interesante libro *Le traité d'Union européenne.*

vo. Por fin, el anteproyecto se presentó al Parlamento y fue sometido, tras un largo debate, al voto de los representantes el día 14 de febrero de 1984. Estuvieron presentes 312 diputados de 434, es decir un 71 por 100. Votaron a favor, 234 diputados. Votaron en contra, 31. Se abstuvieron 43 diputados presentes. Es decir que hubo una mayoría absoluta del 54 por 100 del proyecto y una mayoría cualificada del 74 por 100 (9).

Es interesante observar la agrupación ideológica de los votos emitidos. Votaron a favor, los 105 diputados del Partido Popular europeo (demócratas-cristianos), 28 liberales, 22 comunistas, 47 socialistas, 21 conservadores, y 15 diputados de grupos diversos, de menor entidad. Votaron en contra 6 conservadores y ocho laboristas británicos, bastantes comunistas, franceses y griegos, y nueve daneses. En general votaron a favor los alemanes, los italianos, la mitad de los franceses, la mitad de los británicos, los belgas, los holandeses, los de Luxemburgo y los irlandeses. Los secretariados políticos del socialismo francés y griego, los gaullistas y los conservadores británicos, ordenaron la abstención.

Como puede verse, las reticencias hacia las soluciones plenarias de la construcción europea, son todavía considerables dentro del seno de la CEE. El proyecto Spinelli supone que el Parlamento es el órgano más vivo de la CEE por nacer del sufragio directo de los ciudadanos. Por ello parece corresponderle este propósito de lanzar un proyecto europeo, desde fuera de la eurocracia de Bruselas. Sin embargo el proyecto Spinelli no quiere convertir la Europa unida, en una construcción política basada en un predominio parlamentario, lo cual equivaldría a dinamitar la CEE.

La idea central es, por consiguiente, dar vida a un gobierno europeo. Y en ese nuevo equilibrio institucional conceder al Parlamento poderes más importantes que los que hoy disfruta y otorgarle mayor derecho a iniciativas. Se trataría de que en la «Unión Europea» (U.E.) futura, tuviesen albergue jurídico todas las instituciones existentes hoy día para lo cual habría que revisarlas y crear probablemente una nueva U.E. sobre las bases que la experiencia ha ido ofreciendo en el cuadro de los últimos 27 años.

He aquí un resumen esquemático del proyecto y de los principios que lo informan:

---

(9) Pier Virgilio Dástoli, *El Tratado de Unión Europea: Una respuesta a la crisis,* en *Comunidad Europea,* núm. 207, mayo 84, págs. 3-5.

a) El compromiso de respetar y promover los valores democráticos y los derechos humanos en el seno de la Unión Europea.

b) El respeto del acervo comunitario actual. Y la primacía del derecho de la U.E. sobre los derechos de los Estados miembros.

c) La participación real de los ciudadanos en los procesos de decisión de la U.E. acercándolos a la vida comunitaria. Es decir creando una *Europa de los ciudadanos.*

d) El principio general de subsidiaridad. La U.E. no actuaría, sino en el caso de que sea más eficaz que los Estados miembros. Las decisiones comunitarias se aplicarían en la escala nacional, regional o local más adecuada.

e) El desarrollo del proyecto se hará gradualmente en un período transitorio.

El texto del proyecto Spinelli tiene una gran complejidad técnica como fruto de largas negociaciones. Su terminología es innovadora. Recoge el derecho comunitario actual y confiere una base jurídica a la cooperación política a la que da una más extensa obligatoriedad de intervención como, por ejemplo, en cuestiones referentes a los intereses de varios Estados miembros. O en cuestiones relativas a los aspectos políticos y económicos de la seguridad. (Art. 66). La responsabilidad de esta cooperación recae en el «Consejo Europeo» aunque el «Consejo de la Unión» que sustituye al actual Consejo de Ministros garantiza su realización y la «Comisión» puede proponer acciones y políticas que se ejecutarían por ella misma o por los Estados caso de ser aprobados, cosa que no sucede en la actual CPE (10).

Otra novedad del proyecto es la de ampliar el campo de la cooperación a cuestiones de armamento, venta de armas a terceros y política de defensa y desarme. Asimismo se puede transferir del llamado método de la cooperación, al método de la acción común determinados temas, para avanzar el proceso de la integración, lo cual tiene un profundo significado instrumental para superar por el sistema de mayoría simple, acciones que requieren unanimidad. Una serie de excepciones, contrapesan ese aspecto

(10) Art. 67, núm. 1. Ver el texto del Proyecto Spinelli en *Comunidad Europea.*

que es uno de los más delicados porque abarca relaciones exteriores y defensa, entre otras cuestiones.

Los objetivos de la Unión Europea son de gran amplitud y también lo son los diversos métodos para lograrlos. Y el abanico de las políticas diversas que la U.E. debe emprender es amplísimo. Con el nuevo sistema preconizado de la acción común el proyecto presentado por la Comisión fue aprobado en el Parlamento europeo por mayoría cualificada de dos tercios de los diputados presentes.

La futura *Unión europea* estaría llamada a sustituir totalmente a las actuales Comunidades y dejaría abierta la puerta para que los miembros actuales de la CEE no sean forzosamente miembros de la Unión y puedan abandonar la Comunidad si lo desean mientras que otros países no-miembros, puedan incorporarse a la Unión Europea.

Pero de la *Declaración de Stuttgart* surgieron otras iniciativas que merecen recordarse. En Stuttgart fue donde se rompió el *impasse* en que se hallaba la CEE en orden a la construcción europea y se definieron los módulos para la construcción europea del futuro (11). Esas decisiones fueron menos audaces y utópicas que las del proyecto Spinelli que parece demasiado idealista para los momentos actuales.

Fue la Cumbre de Fontainebleau de junio de 1984, la que realmente desbloqueó los problemas que sujetaban a la CEE (entre ellos el problema financiero de la contribución británica) y no es posible negar que la aprobación del proyecto Spinelli empujó como un acicate hacia el análisis de los problemas de fondo. Se creó un *Comité Ad hoc para las cuestiones institucionales,* separándose por vez primera el Consejo de las tímidas iniciativas de tipo intergubernamental de reuniones anteriores, motivadas por las reticencias constantes de la Gran Bretaña y de Dinamarca. Se llegó en las discusiones a evocar de nuevo «la geometría variable» como solución provisional para aquellos que no quisieran seguir adelante.

«¿Cuáles son las reformas verdaderamente importantes de la Comunidad?, se preguntaba un periodista europeo. Las respuestas se conocen y se han definido muchas veces. Pero el verdadero problema no es el del cascabel, sino en cómo ponérselo al gato y

---

(11) *ABC,* 29 de marzo 1985 «Los módulos de la construcción europea», José María de Areilza.

por quién. Las reformas políticas provienen lógicamente de los campos políticos. Pretender que lo lleven a cabo, funcionarios y expertos es engañarse a sí mismos. La reforma política la deben hacer los hombres de Estado, es decir, los políticos, no solamente los idealistas y los teorizantes.»

A pesar de esta oleada de críticas, se aceptó el método intergubernamental para sacar adelante la reunión de Stuttgart y continuar el camino en la Cumbre de Fontainebleau. El Comité Ad-hoc institucional, se proponía agotar los procedimientos contenidos en los Tratados. Es decir analizar hasta dónde podía avanzarse hacia la Unión Europea, sin cambiar el Tratado de Roma. Examinar las reformas que pudieran introducirse, sin anular los Tratados anteriores. Y reconocer la importancia de un Parlamento elegido por sufragio universal.

El *Comité Ad-hoc* institucional empieza sus trabajos en un momento difícil, con los problemas presupuestarios de la CEE, los conflictos agrícolas, el paro y la ampliación peninsular. Se recuerda sin embargo que el *Comité Spaak,* creado tras la crisis de la CED, desembocó en la conferencia de Messina que acabó en el Tratado de Roma en 1957 (12).

El Comité institucional al que se ha llamado *Comité Dooge* en honor del Senador irlandés que lo presidía, presentó en la Cumbre del Consejo Europeo de Dublín su informe, en diciembre de 1984, que fue muy bien acogido por su amplitud y su sinceridad. Se le encomendó una nueva redacción para ulteriores reuniones del Consejo Europeo. Finalmente, fue en la Cumbre de Milán donde se dio remate a la discusión sobre el trabajo Dooge y sus aplicaciones posibles.

El informe Dooge (13) se inspiró en parte, en un informe provisional del ex ministro francés Maurice Faure, enérgico y preciso, como lo es su lenguaje y pensamiento en la materia. El informe de la Europa institucional comienza con una afirmación contundente: «Europa debe encontrar su fe en la propia grandeza y lanzarse a una aventura en común, es decir a la puesta en obra de una entidad política que debe reposar sobre objetivos prioritarios y claramente definidos y debe dotársele de los medios de al-

---

(12) Quizás fue éste el motivo por el que se denominó «Spaak II» al Comité *Ad hoc* institucional. Sería bueno recordar a los impacientes que entre el comienzo de los trabajos de Spaak y la firma del Tratado de Roma transcurrieron varios años.

(13) El primer Informe puede verse en *Bol. CEE,* 11, 1984.

canzarlos.» Para conseguir ese fin es preciso saber cuáles son los objetivos necesarios. El más urgente sería el establecimiento de un espacio homogéneo económico. Para ello se proponen culminar el desarrollo del Tratado de Roma; desarrollar plenamente el S.M.E. y movilizar los recursos financieros necesarios para ambos fines. Junto a esos propósitos se organiza también la búsqueda activa de una identidad europea hacia el exterior. Esta identidad se logrará solamente a través de una cooperación política muy intensa que formule una política exterior común para la Unión Europea. Se propone también la creación de un Secretariado permanente para estos objetivos. Se alude a la necesidad de establecer un compromiso explícito y formal de los Estados aceptando el procedimiento de consulta obligada previa entre ellos. La rapidez en el logro de un consenso urgente para formular posiciones comunes en los foros internacionales es otra de las premisas sugeridas.

En cuanto al tema de la seguridad, se habla de mantener la cohesión y solidaridad de las naciones europeas en el marco más amplio de la Alianza. La nueva política de seguridad se ha de alcanzar por etapas y cuidando de las situaciones de cada nación cuyas responsabilidades son diferentes. Este último párrafo del Informe Dooge levantó reservas y votos particulares empezando por las del presidente irlandés y también por parte de los componentes danés y griego.

En resumen, se trata de democratizar los mecanismos y aumentar la eficacia y la rapidez en la toma de decisiones. Se intenta fortalecer la CEE; no modificarla constitucionalmente, ni sustituirla. También se quiere acabar con el veto indiscriminado o regla de unanimidad a la que llamó «aberrante» el presidente del Gobierno español, Felipe González, en su discurso ante la Asociación de Periodistas Europeos de 14 de diciembre de 1985 en Madrid.

La radical diferencia entre el proyecto Spinelli y el Informe Dooge consiste en los métodos que se proponen. Spinelli centra su propuesta en soslayar la conferencia intergubernamental prevista en el Tratado de Roma en el artículo 236 para la reforma de los Tratados, mientras que Dooge sugiere precisamente que se utilice y se convoque para estudiar todo el problema de la reforma pendiente. «La sola decisión de los jefes de Estado y de los jefes de Gobierno de convocar esta conferencia, tendría un valor altamente simbólico y marcaría, de hecho, el acta de Fundación de la Unión Europea.»

Estas palabras del Informe Dooge subrayan el valioso contenido de dicho documento que juntamente con el *Informe Adonnino* sobre la *Europa de los ciudadanos* y a través de la Cumbre de Milán, han hecho posible la Cumbre de Luxemburgo y sus importantes progresos en dirección a la Europa unida.

El llamado *Informe Dooge* o de la Europa institucional, tuvo una segunda parte al serle encargado al Comité *Ad-hoc* en cuestión quc presentara otro documento complementario por el Consejo Europeo de Dublín. Este segundo Informe fue hecho público en marzo de 1985 durante la reunión del Consejo Europeo de Bruselas. Las reservas presentadas al Informe primitivo disminuyeron en gran parte, realizándose algunas modificaciones del texto. Al examinar el proyecto de «espacio económico interior homogéneo» se apuntó al propio tiempo la creación de una comunidad tecnológica europea. En materia de seguridad se alude explícitamente a «la necesidad que tiene la OTAN de mantener una potencia militar suficiente en Europa para asegurar de una manera eficaz la disuasión y la defensa...». También se menciona «el refuerzo y la contribución propia de la UEO» (14).

El Consejo Europeo de Bruselas se dedicó en gran parte a los problemas pendientes de la ampliación de la Comunidad por lo que el «Informe» fue examinado a la ligera y remitido a la Cumbre de Milán. Puede afirmarse que el segundo Informe Dooge era un documento muy avanzado en materia de Cooperación Política. También fue en esa reunión de Bruselas, donde se acordó invitar a España y Portugal para asistir a la reunión de Milán, lo que hicieron a título de observadores.

El aspecto más importante del Informe Dooge, fue la enumeración de los problemas pendientes y la definición de las posiciones respectivas de los gobiernos. En cierta manera resultó ser el primer paso importante de 1985, hacia el proceso de integración.

En la reunión de Bruselas se reconoció la labor del Comité *Ad-hoc.* También hay que señalar que al ser planteados de forma sistemática los problemas institucionales, ello incidió en el propósito de resolver el problema de la adhesión de España. Andreotti declaró públicamente que «la nueva savia de los países ibéricos ayudará con su entusiasmo europeísta a resolver el problema institucional». De ahí salió la invitación a España y Portugal para que asistieran a la Cumbre de Milán. El jefe del Gobier-

---

(14) *Boletín CE.* 3, 1985, pág. 114.

no español envió el 29 de marzo de 1985 un telegrama a los miembros del Consejo de Ministros en estos términos: «Deseo desde este momento asegurarle la voluntad del Gobierno español de participar como socio leal en los futuros trabajos de la Comunidad y de contribuir activamente al proyecto histórico de la construcción política europea.» Andreotti recogió estas palabras del mensaje de Felipe González y declaró que «España podrá dar un impulso lleno de entusiasmo y vitalidad» y que «la evolución ligada a la ampliación de la CEE tiene que ser una operación sobre todo cualitativa».

En la Cumbre de Milán se puso de nuevo en marcha el tren comunitario después de numerosas y ásperas discusiones. Se acordó la realización de un mercado interior para 1992; la cooperación tecnológica; el lanzamiento por Francia del proyecto Eureka y se convocó la conferencia intergubernamental. No hubo sin embargo consenso plenario en Milán, sino muchas y notorias discrepancias. El presidente Craxi se conformó diciendo que «se habían evitado los graves riesgos de parálisis e involución que amenazaban con un fracaso total a la Cumbre».

Mientras tanto, en las plazas y calles de Milán se congregaron hasta cien mil manifestantes exigiendo la puesta en marcha de un plan de integración, sin más dilaciones ni demoras. También el Parlamento europeo realizó una dura declaración pocos días antes. Pero no se habla en dicha «Declaración» final de Milán de resultados definitivos sino que la Conferencia intergubernamental tomaría acuerdos que se someterán a la Cumbre de Luxemburgo. El temario se enumeraba con bastante detalle.

Debemos decir una palabra sobre el otro Comité *Ad-hoc* salido también de la Cumbre de Fontainebleau, llamado *Comité Ad-hoc para la Europa de los ciudadanos* y abreviadamente, el *Comité Adonnino,* del nombre del parlamentario italiano que lo presidía, representando al presidente Craxi. Este Comité tenía objetivos sociales. El más importante era, el adoptar «medidas que refuercen la identidad de la CEE ante sus propios ciudadanos y en el mundo». Lo formaban personalidades que representaban a los jefes de Estado y de Gobierno, independientes de la Comunidad, pero en contacto con ésta (15).

---

(15) El texto del Informe puede verse en *Bol. CEE,* 6, 1985. El Comité estaba compuesto por P. Adonnino, Christensen, Magallo. A. Hanten, Y. Kanidiotis, Neusel, O'Tuathail, Carlo Ripa de Meana, Thugrybaert, Wellenstein y Williamson.

He aquí algunas de sus recomendaciones:

a) Medidas que aporten a los ciudadanos ventajas tangibles en su vida cotidiana elevando así el coeficiente de credibilidad de la CEE.
b) Lograr la adhesión viva de la opinión pública para el nuevo proyecto renovador creando expectativas para los jóvenes: política de emplco; intercambios educativos, culturales, deportivos y profesionales.
c) Unificar los símbolos externos: pasaporte; emblemas; sellos; monedas; himno de las naciones comunitarias.
d) Establecer la libre circulación de bienes y personas; las facilidades fronterizas totales; y la libertad de empleo y de residencia.

En Milán, el Informe Adonnino fue aún más concreto en materia de cultura y de comunicación. También se insistió en la información pública sobre la construcción europea; la enseñanza de lenguas; la ampliación de los derechos de los ciudadanos; la votación de residentes extranjeros comunitarios en elecciones locales y, en general, el fortalecimiento de la imagen y de la identidad de la CEE.

En Milán se aprobaron la mayoría de las propuestas del Informe Adonnino y se encargó a la CEE y a los Estados para que aplicasen las normas necesarias. Felipe González que asistía como observador a los debates de la Cumbre de Milán manifestó su apoyo al proceso de integración apoyando el proyecto de «lograr un mecanismo de decisión más eficaz y rechazando el abuso del recurso al llamado "interés vital" para utilizar el veto». Y añadió también que «hay que reforzar la Cooperación Política sin dañar con ello la estructura de la Comunidad».

Para clarificar ante el lector el calendario de ese progreso, establecemos a continuación esta breve síntesis cronológica:

19 junio de 1983:
«Declaración de Stuttgart sobre la identidad Europea».

14 febrero 1984:
Aprobación del Proyecto Spinelli sobre la «Unión Europea» por el Parlamento Europeo.

17 marzo 1985:
Segundo Informe definitivo Dooge sobre la reforma Institucional.

28 y 29 junio 1985:
Cumbre de Milán.

Septiembre y noviembre de 1985:
Reuniones de la Conferencia Intergubernamental.

2 y 3 diciembre de 1985:
Cumbre de Luxemburgo.

La siguiente reunión del Consejo Europeo ha sido convocada en marzo de 1986 en La Haya.

Capítulo 12

La Cumbre de Luxemburgo

«Puede que los Acuerdos de Luxemburgo no sirvan para entusiasmar a las masas. Pero la CEE habrá entrado en una nueva época que podemos llamar con acierto, de madurez.»

Le Monde, 5 de diciembre 1986

12.–La Cumbre de Luxemburgo

La Cumbre de Luxemburgo celebrada los días 2 y 3 de diciembre de 1985, fue acogida por la opinión europea con un máximo de expectación. El desencanto de la reunión de Milán, a pesar del clamoroso apoyo popular organizado por el Movimiento europeo, que logró movilizar a cien mil entusiastas que reclamaban a gritos la unificación continental en las calles de la capital lombarda hacía prever una situación tensa en Luxemburgo de la que había de salir o un fracaso histórico o un compromiso de progreso.

Las posiciones eran conocidas de antemano. Italia, por boca de su presidente de Gobierno, Craxi, y de su ministro Andreotti, propugnaba la conferencia diplomática para reformar, revisar o sustituir el Tratado de Roma de 1957 por otro, del mismo signo, pero de mayor alcance y efectividad, apto para los europeos de la nueva generación. En esta línea se situaban los partidarios del proyecto Spinelli, el nuevo Tratado surgido de las votaciones del Parlamento europeo donde logró un sorprendente apoyo mayoritario.

El Benelux era partidario ardiente de una reforma de los Tratados. Dinamarca tenía graves reticencias ante la actitud del Folketing, poco entusiasta en aumentar la integración. La Gran Bretaña mantenía sus reservas sobre el problema monetario y sobre una rápida integración general. Mitterrand, aun siendo europeísta convencido, apoyaba el proyecto Eureka –aprobado en Milán– como arma dialéctica frente al IDS americano. El canciller Kohl era quien sostenía una confianza serena ante el resultado, que contrastaba con las dudas y el escepticismo de muchos otros. El lunes, 2 de diciembre, tuvo lugar una primera jornada, decepcionante, que dio lugar a que la prensa y los medios de comunicación hablasen de un estancamiento general de la reunión. Se leyó el informe del Consejo y se procedió al debate puntual de cada uno de los extremos contenidos en el orden del día.

España intervino por vez primera en la reunión de la Cumbre y se manifestó partidaria de las reformas alineándose con la posición italiana y la del Benelux. Jacques Delors hizo público su informe sobre la situación económica-social europea del momento. Londres se opuso a la extensión global del SME y el Parlamento advirtió, casi como una amenaza, que no dejaría de usar cuantas armas legales le confiere su propio Estatuto para presionar a los reunidos a tomar posiciones favorables a la reforma.

En las calles de Luxemburgo se manifestaron otra vez los europeístas, en número reducido, unos tres mil, lo cual en la bellísima y pequeña capital no deja de ser una cifra importante. La segunda jornada tuvo otro sesgo. Al ir avanzando la sesión sin que se vislumbrase una concertación, el buen sentido se impuso y obligó a los reunidos a un esfuerzo final. Decidieron no separarse hasta que existiera un acuerdo global sobre todos los capítulos que eran objeto de examen y discusión, que eran diez en total. El tiempo apremiaba pero el trabajo siguió adelante. A la media noche se había alcanzado la meta. Existían ya un documento y unas conclusiones. La firma se llevó a cabo con una sensación de alivio visible y unánime. La prudencia aconsejaba no dar la impresión de un éxito sensacional sino de un compromiso trabajoso. Y puede decirse, en un análisis frío, que Luxemburgo será un hito decisivo en la historia de la integración europea.

Publicamos en el capítulo siguiente de este trabajo el texto literal de las conclusiones del Consejo Europeo, en su versión oficial. Nos parece un documento de estudio y de orientación de largo alcance. Y en sus páginas hallará el lector materia para la reflexión y una buena guía de futuras novedades que se irán produciendo, sin duda alguna, a lo largo de los próximos seis años en el seno de los países comunitarios. En ese texto están implícitos los eslabones de la cadena que llevará, después de 1992, a la existencia de una Europa políticamente unificada.

La reacción de la opinión pública y de los medios de comunicación del Occidente europeo fue sin embargo entre escéptica y moderada. «Medidas de reforma limitada.» «Acuerdo para una mayor coordinación de la política monetaria.» «Acuerdo para ir adelante a toda máquina pero a la velocidad del caracol.» «Acuerdo general aunque a pasos lentos». Tal era el tono de los titulares de la prensa de Londres. En París, *Le Monde* analizaba en profundidad los progresos logrados: «Si se ha conseguido superar en esta cumbre los veinte años de vigencia del "veto" gaullista de 1966, la CEE habrá entrado por fin en una nueva etapa que podíamos llamar, con acierto, edad de la madurez.» «Puede que los Acuerdos de Luxemburgo no sirvan para entusiasmar a las masas. Pero es evidente que la edificación de la Europa política avanza y se consolida después de sus treinta años de vida institucional.»

Los italianos consideraron el resultado «pobre». Habían ido muy lejos en anunciar un resultado histórico espectacular. Y hubieron de conformarse con un compromiso de esperanza. Los franceses lo consideraron escaso, pero piensan que la lucha por Europa sigue adelante sin reposo. Los británicos, en general, se manifestaron a la salida de la Cumbre con circunspección, teniendo en cuenta que habían de afrontar al regreso a Gran Bretaña una opinión si no hostil, sí prejuzgada en contra en el propio ámbito de la Cámara de los Comunes.

Alemania fue quizás la más satisfecha del resultado. Genscher había insistido en su idea de sustituir el Tratado de Roma, de acuerdo con Andreotti, como antes lo hiciera con Colombo. Pero Kohl, siendo también partidario de las reformas, se vio sin embargo gratamente sorprendido al aprobarse en términos rotundos la idea del *mercado interior* o *espacio europeo sin fronteras* para 1992. Hay que pensar que la Alemania Federal, con la entrada de las naciones peninsulares en la CEE, venderá, a partir de 1986, más del sesenta por ciento de su producción exportadora al mercado de los 322 millones de europeos. Las normas de calidad y de control de la producción alemana son las más estrictas y exigentes de la CEE y se puede anticipar que de aquí a 1992, Alemania seguirá siendo la locomotora económica del relanzamiento europeo. Por otra parte, la consigna del canciller democristiano de Bonn, «primero, coordinación de las economías; después, concertación de las monedas», parece haber sido aceptada plenamente en Luxemburgo. Tampoco Kohl es muy partidario de las ideas de Spinelli sobre el papel del Parlamento europeo por considerar que de momento la iniciativa de la reforma debe corresponder primordialmente, al Consejo Europeo de jefes de Estado y de Gobierno.

Son diez los temas que serán objeto de reforma en el campo de la cooperación europea:

- El mercado interior.
- La cooperación monetaria.
- La cohesión de la economía.
- La reforma del Parlamento europeo.
- Los poderes de la Comisión europea.
- La política tecnológica y científica europea.
- Los problemas del entorno y del medio ambiente.
- La política social.
- La reforma del Tribunal de Justicia.
- La elaboración y aprobación de un Tratado de Cooperación Política europea.

Como puede verse, el propósito es de una gran envergadura y supone –cuando termine de llevarse a cabo, de aquí a seis años– una verdadera transformación de la CEE, en casi todas sus vertientes. Hubo, como puede verse en el texto de las conclusiones, muchas reservas formuladas en la totalidad de los diez capítulos, por diversos países miembros. Y como antes señalé, en el Parlamento europeo se acogió muy mal el resultado de la Cumbre. Su presidente, Pierre Pflimlin, declaró: «Ha sido para nosotros una gran decepción aunque se hayan logrado resultados parciales. Esta cumbre era una gran oportunidad para dar un paso adelante hacia la unidad europea. Se ha perdido una ocasión histórica.»

Pero esta opinión tan adversa no fue la generalizada. A la hora de la reflexión, los comentaristas convinieron en que, a pesar de las reservas formuladas y la necesidad de esperar el transcurso del año 86 para que las conclusiones acordadas se ratificaran por los doce parlamentos nacionales, respectivos, los resultados aunque modestos, eran jurídicamente importantes.

¿Cuántas normas reglamentarias y administrativas de índole interna, será preciso derogar para que se lleven a cabo esas reformas que se anuncian? Según Jacques Delors, presidente de la Comisión de Bruselas, pasarán de trescientas. ¡Imagínese el lector la escasa probabilidad de lograr ese resultado con la antigua fórmula, del derecho de veto, establecida en 1966! Era necesario y urgente modificar ese freno implacable que existía para las decisiones y que hacía aparecer a la CEE «estancada» e impotente en muchas ocasiones decisivas.

También es interesante el tema de la reforma del Tratado de Roma que despierta en algunos puristas un recelo exagerado. El conjunto de las reformas propuestas en Luxemburgo no supone sino la abolición de seis artículos del Tratado de Roma (que tiene 240) y la elaboración y aprobación de un solo artículo. Parva modificación en verdad.

En perspectiva puede decirse que los esfuerzos de la CEE hacia la integración, desde la cumbre de Stuttgart, han sido enormes y llenos de dificultades. Y que quizás nos sea exagerado afirmar, que el *impasse* de la negociación española para lograr su adhesión, sirvió de revulsivo al entero planteamiento institucional cuyas lacras y fallos se revelaron en aquella ocasión. «Ahora –dijo Jacques Delors ante el Parlamento, donde fue escuchado con silencioso respeto e indisimulada hostilidad– se ha dotado a Europa de un aparato institucional capaz de tomar decisiones bien y de prisa». Y un diputado británico comentó: «Para saber si este *pudding* está bien condimentado, habrá que esperar a probarlo unas cuantas veces.»

Juntamente con la regla de la mayoría aplicada en la mayor parte de los casos, el propósito de crear en 1992 «un gran mercado interior europeo» es la clave de la reforma propuesta. Precisamente he comentado en capítulos anteriores que la CEE había tenido dos logros esenciales a lo largo de sus primeros veinticinco años: el convertirse a través de la Unión Aduanera en el primer colectivo comercial del mundo (ahora con la entrada de España y Portugal todavía más arriba en la cabeza del *ranking* internacional) y el haber culminado un «mercado común agrario» de resultados espectaculares, no sólo por los resultados económicos sino también por las consecuencias sociales en lo que se refiere al nivel de vida de la población agraria europea. Pero es evidente que en materia de producción industrial no se había creado nada semejante por haber surgido numerosos obstáculos en el camino, agravados más tarde con la crisis económica iniciada en 1973.

El programa de llegar a «un mercado interior global europeo» es, en sí mismo, una ambición espléndida y el paso decisivo que falta para desembocar en la unificación política. *Un espacio sin fronteras* como se le ha llamado por algunos líderes presentes en Luxemburgo, aunque la locución haya causado algún escalofrío que otro en ciertos delegados allí presentes. La Europa sin fronteras con libre circulación de personas, mercancías, capitales y medios de transporte, no es ya una utopía sino una cuestión de política voluntarista, un proyecto de firmes compromisos multilaterales para el mañana. Personalmente, pienso que el mayor avance conseguido en Luxemburgo en orden al futuro inmediato es el mercado interior, junto a la unión o concertación en materia económico-monetaria.

El otro gran paso hacia adelante, ha sido el acuerdo y el texto del proyecto de Tratado sobre la cooperación europea en materia de política exterior. El contenido de ese Tratado incluido en el Anexo II del capítulo siguiente tiene una extraordinaria transcendencia. Se propone poner en marcha un gran acuerdo intercomunitario, abierto a la firma de los doce Estados miembros por el momento. El objetivo final es conseguir la más perfecta coordinación en materia de política exterior entre los firmantes.

Quizás la mayor novedad de este Tratado consiste en su artículo 8.º, cuyo párrafo 1 dice así: «Las Altas Partes Contratantes estiman que una cooperación más estrecha en las cuestiones de la seguridad europea, es susceptible de contribuir de manera esencial al desarrollo de una identidad de Europa en materia de política exterior. Están dispuestas a coordinar más sus posiciones en los aspectos políticos y económicos de la seguridad.»

Por vez primera y de manera explícita, se habla de la seguridad europea como susceptible de contribuir de manera esencial al desarrollo de una identidad de Europa. Y en el párrafo 2.º del mismo artículo se insiste en que: «Las Altas Partes Contratantes están resueltas a preservar las condiciones tecnológicas e industriales necesarias para su seguridad.» Es decir que sin mengua de la cooperación estrecha que existe en el sector de la seguridad en el marco de la UEO y en el de la Alianza Atlántica, el Tratado propone que los Estados miembros firmantes busquen una cooperación entre sí, en tan delicada y transcendente cuestión. Y declaran que la preservación de las condiciones tecnológicas e industriales necesarias para la seguridad son un objetivo preferente de la cooperación a la que sirve ese Tratado. El lector puede hacer por su cuenta los numerosos y diversos comentarios que esa afirmación ha de sugerirle. Europa está dispuesta por vez primera a incluir el tema de la seguridad en el repertorio general de los temas comunes. O en otras palabras, aunque el Tratado de Roma –que excluye taxativamente los asuntos de seguridad– siga vigente con algunas reformas, la Cumbre de Luxemburgo deja de lado la caducidad eventual del Tratado de Roma y ofrece la solución de un «Tratado de Cooperación Política» que supere los vacíos que hoy día tiene la Comunidad, para entrar de lleno en la etapa fecunda de la unificación política de los doce Estados miembros.

Hasta ahora la Comunidad era la suma heterogénea de diez minimercados nacionales –salvo el agrario– protegidos por una barrera aduanera contra el exterior. Ahora, por vez primera se habla de un mercado interior que integre esas diez piezas del mosaico en un solo cuerpo regido por las leyes del mercado global.

Ante la arrolladora competencia del avance tecnológico japonés y americano, la Comunidad tiene que servirse de toda clase de métodos para lograr la coordinación científico-técnica tan anhelada y tan lejana, todavía. Nada menos que once artículos contiene el punto sexto de la cooperación intercomunitaria con programas marco plurianuales, definidores de las grandes líneas conjuntas de investigación científica y desarrollo técnico de las naciones comunitarias. Sólo los grandes objetivos se definirán por unanimidad, dejando su desarrollo a la regla de la mayoría.

Se trata de poner en común los inmensos recursos humanos, profesionales, científicos y técnicos que son el patrimonio de los pueblos europeos y que se reparten y administran hoy día por canales de diferenciación nacional, incapaces de competir con los gigantes industriales del Japón y de Norteamérica en el terreno de las tecnologías de punta.

En resumen, cabe decir que después de la Cumbre de Luxemburgo se han aclarado definitivamente muchas cosas que perturbaban la imagen de la Comunidad. Ahora se divisa, por vez primera en muchos años, una perspectiva, un itinerario y unos plazos de razonable realismo en su desarrollo. Existen –lo sabemos– observadores escépticos que piensan que en tan largo período de tiempo –seis años– pueden pasar muchas cosas en Europa y en el mundo que impidan el normal cumplimiento de estas previsiones. También existe el grupo de los impacientes y el de los utópicos que consideran el tiempo ya maduro para vivir las fórmulas confederales de la Europa grande. Pero unos y otros han de reconocer que las instituciones políticas como los Tratados duran lo que dura su utilidad y su conveniencia para el interés general que representan. La CEE ha demostrado que la idea europeísta era viable. Y que sigue siéndolo, aún más, en la etapa actual de la historia del mundo. El papel de una Europa unida tiene una expectativa normal necesaria e irreversible en el mundo informático del mañana inmediato. De Europa han salido la mayoría de los inventos, descubrimientos, teorías y sistemas que hoy rigen gran parte de las naciones del mundo.

No somos eurocentristas. No lo fueron nunca los mejores espíritus europeos: somos universalistas. Profesamos ideas y principios que deseamos extender a los demás pueblos del mundo.

El ritmo expuesto y aprobado en la Cumbre de Luxemburgo nos parece razonable y ajustado a la verosimilitud.

Capítulo 13

Acta única europea

«Esa Europa, realidad compleja, dinámica y profunda, en la que ya nos encontramos y en la que España pondrá su voz y su voto, su peso nacional y su decidida voluntad, para defender los valores de la libertad y progreso que son connaturales de su propia personalidad secular.»

S. M. DON JUAN CARLOS I

13.–Acta Única europea

Su Majestad el Rey de los belgas.
Su Majestad la Reina de Dinamarca.
El Presidente de la República Federal de Alemania.
El Presidente de la República Helénica.
Su Majestad el Rey de España.
El Presidente de la República Francesa.
El Presidente de Irlanda.
El Presidente de la República Italiana.
Su Alteza Real el Gran Duque de Luxemburgo.
Su Majestad la Reina de los Países Bajos.
El Presidente de la República Portuguesa.
Su Majestad la Reina del Reino Unido de Gran Bretaña e Irlanda del Norte.

Animados por la voluntad de proseguir la obra emprendida a partir de los Tratados constitutivos de las Comunidades Europeas y de transformar el conjunto de las relaciones entre sus Estados en una Unión Europea, de conformidad con la Declaración solemne de Stuttgart de 19 de junio de 1983,

Resueltos a construir dicha Unión Europea basándola, por una parte, en unas Comunidades que funcionen con arreglo a normas propias y, por otra, en la Cooperación Europea entre los

Estados signatarios en materia de política exterior, y a dotar a dicha Unión de los medios de acción necesarios,

Decididos a promover conjuntamente la democracia, basándose en los derechos fundamentales reconocidos en las Constituciones y leyes de los Estados miembros, en el Convenio Europeo para la Protección de los Derechos Humanos y de las Libertades Fundamentales y en la Carta Social Europea, en particular la libertad, la igualdad y la justicia social,

Convencidos de que la idea europea, los resultados logrados en los ámbitos de la integración económica y de la cooperación política, así como la necesidad de nuevos desarrollos, responden a los deseos de los pueblos democráticos europeos, que ven en el Parlamento Europeo, elegido por sufragio universal, un medio de expresión indispensable,

Conscientes de la responsabilidad que incumbe a Europa de procurar adoptar cada vez más una postura uniforme y de actuar con cohesión y solidaridad, a fin de proteger más eficazmente sus intereses comunes y su independencia, así como de defender muy especialmente los principios de la democracia y el respeto del derecho y de los derechos humanos que reafirman, a fin de aportar conjuntamente su propia contribución al mantenimiento de la paz y la seguridad internacionales de acuerdo con el compromiso que asumieron en el marco de la Carta de las Naciones Unidas,

Determinados a mejorar la situación económica y social mediante la profundización de las políticas comunes y la prosecución de nuevos objetivos, así como a asegurar un mejor funcionamiento de las Comunidades, permitiendo a las Instituciones el ejercicio de sus competencias en las condiciones más conformes al interés comunitario,

Considerando que los Jefes de Estado o de Gobierno, con ocasión de su Conferencia de París, de 19 a 21 de octubre de 1972, han aprobado el objetivo de la realización progresiva de la Unión Económica y Monetaria,

Considerando el Anexo a las conclusiones de la Presidencia del Consejo Europeo de Bremen, de 6 y 7 de julio de 1978, así como la Resolución del Consejo Europeo de Bremen, de 6 y 7 de julio de 1978, así como la Resolución del Consejo Europeo de Bruselas, de 5 diciembre de 1978, relativos al establecimiento del Sistema Monetario Europeo (SME) y a cuestiones afines, y observando que, de conformidad con dicha Resolución, la Comunidad y los Bancos Centrales de los Estados miembros han adoptado determinado número de medidas destinadas a establecer la cooperación monetaria,

Han decidido establecer la presente Acta y han designado con tal fin como plenipotenciarios:

Su Majestad el Rey de los belgas,
Señor Leo Tindemans,
Ministro de Relaciones Exteriores;

Su Majestad la Reina de Dinamarca,
Señor Uffe Ellemann-Jensen,
Ministro de Asuntos Exteriores;

El Presidente de la República Federal de Alemania,
Señor Hans-Dietrich Genscher,
Ministro Federal de Asuntos Exteriores;

El Presidente de la República Helénica,
Señor Karolos Papoulias,
Ministro de Asuntos Exteriores;

Su Majestad el Rey de España,
Señor Francisco Fernández Ordóñez,
Ministro de Asuntos Exteriores;
Jefe de la Misión ante las Comunidades Europeas;

El Presidente de la República Francesa,
Señor Roland Dumas,
Ministro de Relaciones Exteriores;

El Presidente de Irlanda,
Señor Peter Barry, TD,
Ministro de Asuntos Exteriores;

El Presidente de la República Italiana,
Señor Giulio Andreotti,
Ministro de Asuntos Exteriores;

Su Alteza Real el Gran Duque de Luxemburgo,
Señor Robert Goebbels,
Secretario de Estado en el Ministerio de Asuntos Exteriores;

Su Majestad la Reina de los Países Bajos,
Señor Hans van den Broek,
Ministro de Asuntos Exteriores;

El Presidente de la República Portuguesa,
Señor Pedro Pires de Miranda,
Ministro de Asuntos Exteriores;

Su Majestad la Reina del Reino Unido de Gran Bretaña e Irlanda del Norte,
Señora Lynda Chalker,
Ministro adjunto de Asuntos Exteriores y de la Commonwealth.

Quienes, después de haber intercambiado sus plenos poderes, reconocidos en buena y debida forma, han convenido las disposiciones siguientes:

TÍTULO I

Disposiciones comunes

Artículo 1

Las Comunidades Europeas y la Cooperación Política Europea tienen como objetivo contribuir conjuntamente a hacer progresar de manera concreta la Unión Europea.

Las Comunidades Europeas se fundamentan en los Tratados constitutivos de la Comunidad Europea del Carbón y del Acero, de la Comunidad Económica Europea y de la Comunidad Europea de la Energía Atómica, así como en los Tratados y actos subsiguientes que los han modificado o completado.

La Cooperación Política se regula en el Título III. Las disposiciones de dicho Título confirman y completan los procedimientos acordados en los Informes de Luxemburgo (1970), Copenhague (1973) y Londres (1981), así como en la Declaración solemne sobre la Unión Europea (1983), y las prácticas progresivamente establecidas entre los Estados miembros.

Artículo 2

El Consejo europeo estará compuesto por los jefes de Estado o de Gobierno de los Estados miembros, así como por el presidente de la Comisión de las Comunidades Europeas. Estarán asistidos por los ministros de Asuntos Exteriores y por un miembro de la Comisión.

El Consejo Europeo se reunirá al menos dos veces al año.

Artículo 3

1. Las instituciones de las Comunidades Europeas, que en lo sucesivo adoptarán las denominaciones que se emplean a continuación, ejercerán sus poderes y competencias en las condiciones y a los fines previstos en los Tratados constitutivos de las Comunidades, y en los Tratados y actos subsiguientes que los han modificado o completado, así como en las disposiciones del Título II.

2. Las instituciones y órganos competentes en materia de Cooperación Política Europea ejercerán sus poderes y competencias en las condiciones y a los fines fijados en el Título III y en los documentos mencionados en el párrafo tercero del artículo 1.

TÍTULO II

Disposiciones por las que se modifican los Tratados constitutivos de las Comunidades Europeas

Capítulo I

Disposiciones por las que se modifica el Tratado constitutivo de la Comunidad Europea del Carbón y del Acero

Artículo 4

El Tratado CECA quedará completado con las disposiciones siguientes:

«Artículo 32 quinto

1. A instancia del Tribunal de Justicia y previa consulta a la Comisión y al Parlamento Europeo, el Consejo, por unanimidad, podrá agregar al Tribunal de Justicia un órgano jurisdiccional encargado de conocer en primera instancia, sin perjuicio de un recurso ante el Tribunal de Justicia limitado a las cuestiones de derecho y en las condiciones establecidas por el Estatuto, de determinadas categorías de recursos interpuestos por personas físicas o jurídicas. Este órgano jurisdiccional no tendrá competencia para conocer ni de los asuntos promovidos por los Estados miembros o por las instituciones comunitarias ni de las cuestiones prejudiciales planteadas en virtud del artículo 41.

2. El Consejo, de acuerdo con el procedimiento previsto en el apartado 1, establecerá la composición de dicho órgano jurisdiccional y aprobará las adaptaciones y las disposiciones complementarias del Estatuto del Tribunal de Justicia que sean precisas. Salvo decisión en contrario del Consejo, las disposiciones del presente Tratado relativas al Tribunal de Justicia, y en particular las disposiciones del Protocolo sobre el Estatuto del Tribunal de Justicia, serán aplicables a dicho órgano jurisdiccional.

3. Los miembros de este órgano jurisdiccional serán elegidos entre personas que ofrezcan absolutas garantías de independencia y que posean la capacidad necesaria para el ejercicio de funciones jurisdiccionales; serán designados de común acuerdo por los Gobiernos de los Estados miembros por un período de seis años. Cada tres años tendrá lugar una renovación parcial. Los miembros salientes podrán ser nuevamente designados.

4. Este órgano jurisdiccional establecerá su reglamento de procedimiento de acuerdo con el Tribunal de Justicia. Dicho reglamento requerirá la aprobación unánime del Consejo.»

Artículo 5

El artículo 45 del Tratado CECA quedará completado con el párrafo siguiente:

«El Consejo, por unanimidad, a petición del Tribunal de Justicia y previa consulta a la Comisión y al Parlamento Europeo, podrá modificar las disposiciones del Título III del Estatuto.»

Capítulo II

Disposiciones por las que se modifica el Tratado constitutivo de la Comunidad Económica Europea

SECCIÓN I

Disposiciones institucionales

Artículo 6

1. Se establece un procedimiento de cooperación que se aplicará a los actos basados en los artículos 7, 49, apartado 2 del 54, segunda oración del apartado 2 del 56, 57 excepto la segunda oración de su apartado 2, 100 A, 100 B, 118 A, 130 E y el apartado 2 del 130 Q del Tratado CEE.

2. En el párrafo segundo del artículo 7 del Tratado CEE las palabras «previa consulta a la Asamblea» serán sustituidas por las palabras *«en cooperación con el Parlamento Europeo»*.

3. En el artículo 49 del Tratado CEE las palabras «el Consejo, a propuesta de la Comisión y previa consulta al Comité Económico y Social, adoptará» serán sustituidas por las palabras *«el Consejo, por mayoría cualificada, a propuesta de la Comisión, en cooperación con el Parlamento Europeo y previa consulta al Comité Económico y Social, adoptará»*.

4. En el apartado 2 del artículo 54 del Tratado CEE las palabras «el consejo, a propuesta de la Comisión y previa consulta al Comité Económico y Social y a la Asamblea, decidirá» serán sustituidas por las palabras *«el Consejo, a propuesta de la Comisión, en cooperación con el Parlamento Europeo y previa consulta al Comité Económico y Social, decidirá»*.

5. En el apartado 2 del artículo 56 del Tratado CEE, la segunda oración será sustituida por el texto siguiente:

«No obstante, después de finalizar la segunda etapa, el Consejo, a propuesta de la Comisión y en cooperación con el Parlamento Europeo adoptará, por mayoría cualificada, directivas para la coordinación de las disposiciones que, en cada Estado miembro, correspondan al ámbito reglamentario o administrativo.»

6. En el apartado 1 del artículo 57 del Tratado CEE las palabras «y previa consulta a la Asamblea» serán sustituidas por las palabras *«y en cooperación con el Parlamento Europeo»*.

7. En el apartado 2 del artículo 57 del Tratado CEE, la tercera frase se sustituye por el texto siguiente:

«En los demás casos, el Consejo decidirá por mayoría cualificada, en cooperación con el Parlamento Europeo.»

Artículo 7

El artículo 149 del Tratado CEE será sustituido por las disposiciones siguientes:

«Artículo 149

1. Cuando, en virtud del presente Tratado, un acto del Consejo deba ser adoptado a propuesta de la Comisión, dicho acto no podrá introducir ninguna modificación a dicha propuesta, a menos que sea adoptado por unanimidad.

2. Cuando, en virtud del presente Tratado, un acto del Consejo sea adoptado en cooperación con el Parlamento Europeo, se aplicará el siguiente procedimiento:

a) El Consejo, por mayoría cualificada y en las condiciones del apartado 1, a propuesta de la Comisión y previo dictamen del Parlamento Europeo, fijará una posición común.

b) La posición común del Consejo será transmitida al Parlamento Europeo. El Consejo y la Comisión informarán plenamente al Parlamento Europeo acerca de las razones que han conducido al Consejo a adoptar su posición común, así como de la posición de la Comisión.

Si, en un plazo de tres meses después de dicha comunicación, el Parlamento Europeo aprobare dicha posición común o si no se hubiese pronunciado en dicho plazo, el Consejo aprobará definitivamente dicho acto de conformidad con la posición común.

c) El Parlamento Europeo, en el plazo de tres meses contemplado en la letra b) podrá, por mayoría absoluta de los miembros que lo integran, proponer enmiendas a la posición común del Consejo. El Parlamento Europeo podrá también, por igual mayoría, rechazar la posición común del Consejo. El resultado de las deliberaciones será transmitido al Consejo y a la Comisión.

Si el Parlamento Europeo hubiere rechazado la posición común del Consejo, éste sólo podrá pronunciarse en segunda lectura por unanimidad.

d) La Comisión volverá a examinar en el plazo de un mes la propuesta con arreglo a la cual el Consejo haya fijado su posición común a partir de las enmiendas propuestas por el Parlamento Europeo.

La Comisión transmitirá al Consejo, al mismo tiempo que su propuesta nuevamente examinada, las enmiendas del Parlamento Europeo que no hubiere aceptado, acompañadas de su dictamen sobre las mismas. El Consejo podrá adoptar tales enmiendas por unanimidad.

e) El Consejo, por mayoría cualificada, adoptará la propuesta nuevamente examinada por la Comisión.

El Consejo no podrá modificar la propuesta nuevamente examinada por la Comisión más que por unanimidad.

f) En los casos contemplados en las letras c), d) y e), el Consejo deberá pronunciarse dentro de un plazo de tres meses. A falta de decisión dentro de ese plazo, la propuesta de la Comisión se considerará no adoptada.

g) Los plazos comtemplados en las letras b) y f) podrán prorrogarse de común acuerdo entre el Consejo y el Parlamento Europeo en un mes como máximo.

3. En tanto que el Consejo no se haya pronunciado, la Comisión podrá modificar su propuesta mientras duren los procedimientos mencionados en los apartados 1 y 2.»

Artículo 8

El párrafo primero del artículo 237 del Tratado CEE será sustituido por las disposiciones siguientes:

«Cualquier Estado europeo podrá solicitar el ingreso como miembro de la Comunidad. Dirigirá su petición al Consejo, que se pronunciará por unanimidad después de haber consultado a la Comisión y previo dictamen conforme del Parlamento Europeo, que se pronunciará por mayoría absoluta de los miembros que lo componen.»

Artículo 9

En el artículo 238 del Tratado CEE el párrafo segundo será sustituido por las disposiciones siguientes:

«Tales acuerdos serán concluidos por el Consejo, que decidirá por unanimidad, previo dictamen conforme del Parlamento Europeo, que se pronunciará por mayoría absoluta de los miembros que lo componen.»

Artículo 10

El artículo 145 del Tratado CEE será completado con las disposiciones siguientes:

«–atribuirá a la Comisión, en los actos que el Consejo adopte, las competencias de ejecución de las normas que establezca. El Consejo podrá someter el ejercicio de estas competencias a deter-

minadas condiciones. El Consejo podrá asimismo reservarse en casos específicos el ejercicio directo de las competencias de ejecución. Las condiciones anteriormente mencionadas deberán ser conformes a los principios y normas que el Consejo hubiere establecido previamente por unanimidad, a propuesta de la Comisión y previo dictamen del Parlamento Europeo.»

Artículo 11

El Tratado CEE será completado con las disposiciones siguientes:

«Artículo 168 A

1. A instancia del Tribunal de Justicia y previa consulta a la Comisión y al Parlamento Europeo, el Consejo, por unanimidad, podrá agregar al Tribunal de Justicia un órgano jurisdiccional encargado de conocer en primera instancia, sin perjuicio de un recurso ante el Tribunal de Justicia limitado a las cuestiones de derecho y en las condiciones establecidas por el Estatuto, de determinadas categorías de recursos interpuestos por personas físicas o jurídicas. Este órgano jurisdiccional no tendrá competencia para conocer ni de los asuntos promovidos por los Estados miembros o por las instituciones comunitarias ni de las cuestiones prejudiciales planteadas en virtud del artículo 177.

2. El Consejo, de acuerdo con el procedimiento previsto en el apartado 1, establecerá la composición de dicho órgano jurisdiccional y aprobará las adaptaciones y las disposiciones complementarias del Estatuto del Tribunal de Justicia que sean precisas. Salvo decisión en contrario del Consejo, las disposiciones del presente Tratado relativas al Tribunal de Justicia, y en particular las disposiciones del Protocolo sobre el Estatuto del Tribunal de Justicia, serán aplicables a dicho órgano jurisdiccional.

3. Los miembros de este órgano jurisdiccional serán elegidos entre personas que ofrezcan absolutas garantías de independencia y que posean la capacidad necesaria para el ejercicio de funciones jurisdiccionales; serán designados de común acuerdo por los Gobiernos de los Estados miembros por un período de seis años. Cada tres años tendrá lugar una renovación parcial. Los miembros salientes podrán ser nuevamente designados.

4. Este órgano jurisdiccional establecerá su reglamento de procedimiento de acuerdo con el Tribunal de Justicia. Dicho reglamento requerirá la aprobación unánime del Consejo.»

Artículo 12

En el artículo 188 del Tratado CEE se insertará el párrafo según siguiente:

«El Consejo, por unanimidad a petición del Tribunal de Justicia y previa consulta a la Comisión y al Parlamento Europeo, podrá modificar las disposiciones del Título III del Estatuto.»

SECCIÓN II

Disposiciones relativas a los fundamentos y a la política de la Comunidad

Subsección I - El mercado interior

Artículo 13

El Tratado CEE será completado con las disposiciones siguientes:

«Artículo 8 A

La Comisión adoptará las medidas destinadas a establecer progresivamente el mercado interior en el transcurso de un período que terminará el 31 de diciembre de 1992, de conformidad con las disposiciones del presente artículo y de los artículos 8B, 8C, 28, apartado 2 del 57, 59, apartado 1 del 70, 84, 99, 100A y 100B y sin perjuicio de lo establecido en las demás disposiciones del presente Tratado.

El mercado interior implicará un espacio sin fronteras interiores, en el que la libre circulación de mercancías, personas, servicios y capitales estará garantizada de acuerdo con las disposiciones del presente Tratado.»

Artículo 14

El Tratado CEE será completado con las disposiciones siguientes:

«Artículo 8 B

La Comisión informará al Consejo antes del 31 de diciembre de 1988 y del 31 de diciembre de 1990 sobre el desarrollo de los trabajos encaminados a la realización del mercado interior en el plazo fijado en el artículo 8A.

El Consejo, por mayoría cualificada y a propuesta de la Comisión, definirá las orientaciones y condiciones necesarias para asegurar un progreso equilibrado en el conjunto de los sectores considerados.»

Artículo 15

El Tratado CEE será completado con las disposiciones siguientes:

«Artículo 8 C

En el momento de formular sus propuestas encaminadas a la consecución de los objetivos del artículo 8A, la Comisión tendrá en cuenta la importancia del esfuerzo que determinadas economías, que presenten un nivel de desarrollo diferente, tendrán que realizar durante el período de establecimiento del mercado interior, y podrá proponer las disposiciones adecuadas.

Si dichas disposiciones adoptaren la forma de excepciones, deberán tener carácter temporal y perturbar lo menos posible el funcionamiento del mercado común.»

Artículo 16

1. El artículo 28 del Tratado CEE será sustituido por las disposiciones siguientes:

«Artículo 28

El Consejo decidirá por mayoría cualificada y a propuesta de la Comisión toda modificación o suspensión autónoma de los derechos del arancel aduanero común.»

2. En el apartado 2 del artículo 57 del Tratado CEE, la segunda oración será sustituida por las disposiciones siguientes:

«Será necesaria la unanimidad para aquellas directivas cuya ejecución, en un Estado miembro al menos, implique una modificación de los principios legislativos existentes del régimen de las profesiones en lo relativo a la formación y a las condiciones de acceso de las personas físicas.»

3. En el párrafo segundo del artículo 59 del tratado CEE, la

palabra «unanimidad» será sustituida por las palabras *«mayoría cualificada»*.

4. En el apartado 1 del artículo 70 del Tratado CEE, quedan derogadas las dos últimas oraciones, que serán sustituidas por las disposiciones siguientes:

«Con tal fin el Consejo adoptará, por mayoría cualificada, directivas, procurando alcanzar el más alto grado de liberalización posible. Será necesaria la unanimidad para aquellas medidas que constituyan un retroceso en materia de liberalización de los movimientos de capitales.»

5. En el apartado 2 del artículo 84 las palabras «por unanimidad» serán sustituidas por las palabras *«por mayoría cualificada»*.

6. El apartado 2 del artículo 84 será completado con el párrafo siguiente:

«Se aplicarán las normas de procedimiento de los apartados 1 y 3 del artículo 75.»

Artículo 17

El artículo 99 del Tratado CEE será sustituido por las disposiciones siguientes:

«Artículo 99

El Consejo, por unanimidad, a propuesta de la Comisión y previa consulta al Parlamento Europeo, adoptará las disposiciones referentes a la armonización de las legislaciones relativas a los impuestos sobre el volumen de negocios, los impuestos sobre consumos específicos y otros impuestos indirectos, en la medida en que dicha armonización sea necesaria para garantizar el establecimiento y el funcionamiento del mercado interior en el plazo previsto en el artículo 8A.»

Artículo 18

El Tratado constitutivo de la CEE será completado con las disposiciones siguientes:

«Artículo 100 A

1. No obstante lo dispuesto en el artículo 100 y salvo que el presente Tratado disponga otra cosa, se aplicarán las disposicio-

nes siguientes para la consecución de los objetivos del artículo 8A. El Consejo, por mayoría cualificada, a propuesta de la Comisión y en cooperación con el Parlamento Europeo y previa consulta al Comité Económico y Social, adoptará las medidas relativas a la aproximación de las disposiciones legales, reglamentarias y administrativas de los Estados miembros que tengan por objeto el establecimiento y el funcionamiento del mercado interior.

2. El apartado 1 no se aplicará a las disposiciones fiscales, a las relativas a la libre circulación de personas ni a las relativas a los derechos e intereses de los trabajadores por cuenta ajena.

3. La Comisión, en sus propuestas previstas en el apartado 1 referentes a la aproximación de las legislaciones en materia de salud, seguridad, protección del medio ambiente y protección de los consumidores, se basará en un nivel de protección elevado.

4. Si, tras la adopción por el Consejo, por mayoría cualificada, de una medida de armonización, un Estado miembro estima necesario aplicar las disposiciones nacionales, justificadas por alguna de las exigencias importantes contempladas en el artículo 36 o relativas a la protección del medio de trabajo o del medio ambiente, dicho Estado miembro lo notificará a la Comisión.

La Comisión confirmará las disposiciones de que se trate después de haber comprobado que no se trata de un medio de discriminación arbitraria o una restricción encubierta del comercio entre Estados miembros.

No obstante el procedimiento previsto en los artículos 169 y 170, la Comisión o cualquier Estado miembro podrá recurrir directamente al Tribunal de Justicia si considera que otro Estado miembro abusa de las facultades previstas en el presente artículo.

5. Las medidas de armonización anteriormente mencionadas incluirán, en los casos apropiados, una cláusula de salvaguardia que autorice a los Estados miembros a adoptar, por uno o varios de los motivos no económicos mencionados en el artículo 36, medidas provisionales sometidas a un procedimiento comunitario de control.»

Artículo 19

El Tratado CEE será completado con las disposiciones siguientes:

«Artículo 100 B

1. En el transcurso del año 1992, la Comisión procederá con cada Estado miembro a confeccionar un inventario de las disposiciones legales, reglamentarias y administrativas a que se refiere el artículo 100A y que no hayan sido objeto de una armonización en virtud de dicho artículo.

El Consejo podrá decidir, con arreglo a las disposiciones del artículo 100A, que determinadas disposiciones en vigor en un Estado miembro sean reconocidas como equivalentes a las aplicadas por otro Estado miembro.

2. Las disposiciones del apartado 4 del artículo 100A se aplicarán por analogía.

3. La comisión procederá a confeccionar el inventario mencionado en el párrafo primero del apartado 1 y presentará las propuestas adecuadas con la antelación necesaria a fin de que el Consejo pueda pronunciarse antes del final de 1992.»

Subsección II - Capacidad monetaria

Artículo 20

1. En el Tratado CEE se insertará, en el Título II de la Tercera Parte, un nuevo Capítulo 1 redactado como sigue:

«Capítulo 1
Cooperación en materia de política económica y monetaria
(Unión Económica y Monetaria)

Artículo 102 A

A fin de garantizar la convergencia de las políticas económicas y monetarias, necesaria para el desarrollo ulterior de la Comunidad, los Estados miembros cooperarán de acuerdo con los objetivos del artículo 104. Los Estados miembros tendrán en cuenta para ello las experiencias adquiridas por medio de la cooperación en el marco del Sistema Monetario Europeo y del desarrollo del ECU dentro del respeto de las competencias existentes.

2. En la medida en que el desarrollo ulterior de la política económica y monetaria exigiere modificaciones institucionales, se aplicarán las disposiciones del artículo 236. En caso de modifica-

ciones institucionales en el ámbito monetario, el Comité Monetario y el Comité de Gobernadores de los Bancos Centrales serán igualmente consultados.»

2. Los Capítulos 1, 2 y 3 pasarán a ser, respectivamente, los Capítulos *2, 3* y *4.*

Subsección III - Política social

Artículo 21

El Tratado CEE será completado con las disposiciones siguientes:

«Artículo 118 A

1. Los Estados miembros procurarán promover la mejora del medio de trabajo, para proteger la seguridad y la salud de los trabajadores, y se fijarán como objetivo la armonización dentro del progreso de las condiciones existentes en ese ámbito.

2. Para contribuir a la consecución del objetivo previsto en el apartado 1, el Consejo, por mayoría cualificada, a propuesta de la Comisión, en cooperación con el Parlamento Europeo y previa consulta al Comité Económico y Social, adoptará, mediante directivas, las disposiciones mínimas que habrán de aplicarse progresivamente, teniendo en cuenta las condiciones y regulaciones técnicas existentes en cada uno de los Estados miembros.

Tales directivas evitarán establecer imposiciones administrativas financieras y jurídicas que constituyen obstáculos a la creación y al desarrollo de pequeñas y medianas empresas (1).

3. Las disposiciones establecidas en virtud del presente artículo no serán obstáculos para el mantenimiento y la adopción, por parte de cada Estado miembro, de medidas de mayor protección de las condiciones de trabajo, compatibles con el presente Tratado.»

Artículo 22

El Tratado CEE será completado con las disposiciones siguientes:

---

(1) Texto propuesto por la Presidencia.

«Artículo 118B

La Comisión procurará desarrollar el diálogo entre las partes sociales a escala europea, que podrá dar lugar, si estas últimas lo consideraren deseable, al establecimiento de relaciones basadas en un acuerdo entre éstas.»

Subsección IV - Cohesión económica y social

Artículo 23

En la Tercera Parte del Tratado CEE se añadirá un Título V redactado como sigue:

«Título V
Cohesión económica y social

Artículo 130 A

A fin de promover un desarrollo armonioso del conjunto de la Comunidad, ésta desarrollará y proseguirá su acción encaminada a reforzar su cohesión económica y social.

La Comunidad se propondrá, en particular, reducir las diferencias entre las diversas regiones y el retraso de las regiones menos favorecidas.

Artículo 130 B

Los Estados miembros conducirán su política económica y la coordinarán con miras a alcanzar también los objetivos enunciados en el artículo 130 A. La aplicación de las políticas comunes y del mercado interior tendrá en consideración los objetivos enunciados en el artículo 130 A y en el artículo 130 C y participará en su consecución. La Comunidad apoyará dicha consecución que lleva a cabo por medio de los Fondos con finalidad estructural (Fondo Europeo de Orientación y de Garantía Agrícola, Sección Orientación, Fondo Social, Fondo Europeo de Desarrollo Regional) del Banco Europeo de Inversiones y de los otros instrumentos financieros existentes.

Artículo 130 C

El Fondo Europeo de Desarrollo Regional estará destinado a contribuir a la corrección de los principales desequilibrios regio-

nales dentro de la Comunidad, mediante una participación en el desarrollo y en el ajuste estructural de las regiones menos desarrolladas y en la reconversión de las regiones industriales en decadencia.

Artículo 130 D

Desde la entrada en vigor del Acta Única Europea, la Comisión presentará al Consejo una propuesta global encaminada a introducir en la estructura y en las normas de funcionamiento de los Fondos existentes con finalidad estructural (Fondo Europeo de Orientación y de Garantía Agrícola, Sección Orientación, Fondo Social Europeo, Fondo Europeo de Desarrollo Regional) las modificaciones que fueren necesarias para precisar y racionalizar sus funciones a fin de contribuir a la consecución de los objetivos enunciados en los artículos 130 A y 130 C, así como a reforzar su eficacia y a coordinar sus instrucciones entre sí y con las de los instrumentos financieros existentes. El Consejo decidirá por unanimidad sobre dicha propuesta en el plazo de un año, previa consulta al Parlamento Europeo y al Comité Económico y Social.

Artículo 130 E

El Consejo, por mayoría cualificada, a propuesta de la Comisión, y en cooperación con el Parlamento Europeo, adoptará las decisiones de aplicación relativas al Fondo Europeo de Desarrollo Regional tras la adopción de la decisión contemplada en el artículo 130 D.

En cuanto al Fondo Europeo de Orientación y de Garantía Agrícola, Sección Orientación, y al Fondo Social Europeo, seguirán siendo aplicables, respectivamente, las disposiciones de los artículos 43, 126 y 127.»

Subsección V - Investigación y desarrollo tecnológico

Artículo 24

En el Tratado CEE se añadirá, en la Tercera parte, un Título VI redactado como sigue:

«Título VI
Investigación y desarrollo tecnológico

Artículo 130 F

1. La Comunidad se fija como objetivo fortalecer las bases científicas y tecnológicas de la industria europea y favorecer el desarrollo de su competitividad internacional.

2. A tal fin, estimulará a las empresas, incluyendo a las pequeñas y medianas empresas, centros de investigación y universidades, en sus esfuerzos de investigación y de desarrollo tecnológico; apoyará sus esfuerzos de cooperación fijándose, en especial, como objetivo, permitir a las empresas la plena utilización de las potencialidades del mercado interior de la Comunidad, en particular por medio de la contratación pública nacional, la definición de normas comunes y la supresión de los obstáculos jurídicos y fiscales que se opongan a dicha cooperación.

3. En la consecución de estos objetivos, se tendrá especialmente en cuenta la relación entre el esfuerzo común emprendido en materia de investigación y de desarrollo tecnológico, el establecimiento del mercado interior y la ejecución de políticas comunes, en particular en materia de competencia y de intercambios.

Artículo 130 G

Para la consecución de los mencionados objetivos, la Comunidad realizará las siguientes acciones emprendidas en los Estados miembros:

a) aplicación de programas de investigación, de desarrollo tecnológico y de demostración, promoviendo la cooperación con las empresas, centros de investigación y universidades;

b) promoción de la cooperación en materia de investigación, de desarrollo tecnológico y de demostración comunitarios con los terceros países y las organizaciones internacionales;

c) difusión y explotación de los resultados de las actividades en materia de investigación, de desarrollo tecnológico y de demostración comunitarios;

d) estímulo a la formación y a la movilidad de los investigadores de la Comunidad.

Artículo 130 H

Los Estados miembros coordinarán entre sí, en contacto con la Comisión, las políticas y programas desarrollados a nivel nacional. La Comisión podrá tomar, en estrecho contacto con los Estados miembros, cualquier iniciativa útil para promover dicha coordinación.

Artículo 130 I

1. La Comunidad establecerá un programa-marco plurianual que incluirá el conjunto de sus acciones.

El programa-marco fijará los objetivos científicos y técnicos, determinará sus respectivas prioridades, indicará las grandes líneas de las acciones previstas, fijará el importe que se considere necesario y las modalidades de la participación financiera de la Comunidad en el conjunto del programa, así como el reparto de dicho importe entre las diferentes acciones previstas.

2. El programa-marco podrá ser adaptado o completado en función de la evolución de las situaciones.

Artículo 130 K

El programa-marco se ejecutará mediante programas específicos desarrollados dentro de cada una de las acciones. Cada programa específico precisará las modalidades de su realización, fijará su duración y preverá los medios que se estimen necesarios.

El Consejo determinará las modalidades de difusión de los conocimientos que resulten de los programas específicos.

Artículo 130 L

Al ejecutar el programa-marco plurianual, podrán aprobarse programas completamentarios en los que solamente participarán aquellos Estados miembros que participen en su financiación, sin perjuicio de una posible participación de la Comunidad.

El Consejo establecerá las normas aplicables a los programas complementarios, especialmente en materia de difusión de los conocimientos y de acceso de otros Estados miembros.

Artículo 130 M

En la ejecución del programa-marco plurianual, la Comunidad podrá prever, de acuerdo con los Estados miembros interesa-

dos, una participación en programas de investigación y de desarrollo emprendidos por varios Estados miembros, incluida la participación en las estructuras creadas para la ejecución de dichos programas.

Artículo 130 N

En la ejecución del programa-marco plurianual, la Comunidad podrá prever una cooperación comunitaria en materia de investigación, de desarrollo tecnológico y de demostración comunitarios con terceros países o con organizaciones internacionales.

Las modalidades de esta cooperación podrán ser objeto de acuerdos internacionales entre la Comunidad y las terceras partes interesadas, que serán negociados y concluidos con arreglo al artículo 228.

Artículo 130 O

La Comunidad podrá crear empresas comunes o cualquier otra estructura que se considere necesaria para la correcta ejecución de los programas de investigación, de desarrollo tecnológico y de demostración comunitarios.

Artículo 130 P

1. Las modalidades de financiación de cada programa, incluida una eventual participación de la Comunidad, se fijarán al aprobar el programa.

2. El importe de la contribución anual de la Comunidad se establecerá en el marco del procedimiento presupuestario, sin perjuicio de las demás modalidades de eventual intervención de la Comunidad. La cuantía de los costes estimados de los programas específicos no deberá sobrepasar la financiación prevista por el programa-marco.

Artículo 130 Q

1. El Consejo, a propuesta de la Comisión y previa consulta al Parlamento Europeo y al Comité Económico y Social, adoptará, por unanimidad, las disposiciones contempladas en los artículos 130 I y 130 O.

2. El Consejo, a propuesta de la Comisión, previa consulta al Comité Económico y Social, y en consulta con el Parlamento Eu-

ropeo, adoptará, por mayoría cualificada, las disposiciones contempladas en los artículos 103 K, 130 L, 130 M, 130 N y apartado 1 del 130 P. La aprobación de dichos programas complementarios requerirá además el acuerdo de los Estados miembros interesados.»

Subsección VI - Medio ambiente

Artículo 25

En el Tratado CEE se añadirá, en la Tercera parte, un Título VII redactado como sigue:

«Título VII
Medio ambiente

Artículo 130 R

1. La acción de la Comunidad en lo que respecta al medio ambiente tendrá por objeto:

- *Conservar, proteger y mejorar la calidad del medio ambiente.*
- *Contribuir a la protección de la salud de las personas.*
- *Garantizar una utilización prudente y racional de los recursos naturales.*

2. La acción de la Comunidad en lo que respecta al medio ambiente se basará en los principios de acción preventiva, de corrección, preferentemente en la fuente misma, de los ataques al medio ambiente, y de que quien contamina paga. Las exigencias de la protección del medio ambiente serán un componente de las demás políticas de la Comunidad.

3. En la elaboración de su acción en materia de medio ambiente, la Comunidad tendrá en cuenta:

- *Los datos científicos y técnicos disponibles.*
- *Las condiciones del medio ambiente en las diversas regiones de la Comunidad.*

Las ventajas y las cargas que puedan resultar de la acción o de la falta de acción.

- *El desarrollo económico y social de la Comunidad en su conjunto y el desarrollo equilibrado de sus regiones.*

4. La Comunidad actuará en materia de medio ambiente en la medida en que los objetivos contemplados en el apartado 1 puedan conseguirse en mejores condiciones en el plano comunitario que en el de los Estados miembros considerados aisladamente. Sin perjuicio de determinadas medidas de carácter comunitario, los Estados miembros asumirán la financiación y la ejecución de las demás medidas.

5. En el marco de sus respectivas competencias, la Comunidad y los Estados miembros cooperarán con los terceros países y las organizaciones internacionales competentes. Las modalidades de la cooperación de la Comunidad podrán ser objeto de acuerdos entre ésta y las terceras partes interesadas, que serán negociados y concluidos con arreglo al artículo 228

El párrafo precedente se entenderá sin perjuicio de la competencia de los Estados miembros para negociar en las instituciones internacionales y para celebrar acuerdos internacionales.

Artículo 130 S

El Consejo, por unanimidad, a propuesta de la Comisión y previa consulta al Parlamento Europeo y al Comité Económico y Social, decidirá la acción que la Comunidad deba emprender.

El Consejo determinará, en las condiciones previstas en el párrafo precedente, las cuestiones que deben regirse por decisiones que deberán tomarse por mayoría cualificada

Artículo 130 T

Las medidas de protección adoptadas conjuntamente en virtud del artículo 130 S no serán obstáculo para el mantenimiento y adopción, por parte de cada Estado miembro, de medidas de mayor protección compatibles con el presente Tratado.»

Capítulo III

Disposiciones por las que se modifica el Tratado constitutivo de la Comunidad Europea de la Energía Atómica

Artículo 26

El Tratado CEEA será completado con las disposiciones siguientes:

«Artículo 140 A

1. A instancia del Tribunal de Justicia y previa consulta a la Comisión y al Parlamento Europeo, el Consejo, por unanimidad, podrá agregar al Tribunal de Justicia un órgano jurisdiccional encargado de conocer en primera instancia, sin perjuicio de un recurso ante el Tribunal de Justicia limitado a las cuestiones de derecho y en las condiciones establecidas por el Estatuto, de determinadas categorías de recursos interpuestos por personas físicas o jurídicas. Este órgano jurisdiccional no tendrá competencia para conocer ni de los asuntos promovidos por los Estados miembros o por las instituciones comunitarias ni de las cuestiones prejudiciales planteadas en virtud del artículo 150.

2. El Consejo, de acuerdo con el procedimiento previsto en el apartado 1, establecerá la composición de dicho órgano jurisdiccional y aprobará las adaptaciones y las disposiciones complementarias del Estatuto del Tribunal de Justicia que sean precisas. Salvo decisión en contrario del Consejo, las disposiciones del presente Tratado relativas al Tribunal de Justicia, y en particular las disposiciones del Protocolo sobre el Estatuto del Tribunal de Justicia, serán aplicables a dicho órgano jurisdiccional.

3. Los miembros de este órgano jurisdiccional serán elegidos entre personas que ofrezcan absolutas garantías de independencia y que posean la capacidad necesaria para el ejercicio de funciones jurisdiccionales; serán designados de común acuerdo por los Gobiernos de los Estados miembros por un período de seis años. Cada tres años tendrá lugar una renovación parcial. Los miembros salientes podrán ser nuevamente designados.

4. Este órgano jurisdiccional establecerá su reglamento de procedimiento de acuerdo con el Tribunal de Justicia. Dicho reglamento requerirá la aprobación unánime del Consejo.»

Artículo 27

En el artículo 160 del Tratado CEEA se insertará el párrafo segundo siguiente:

«El Consejo, por unanimidad, a petición del Tribunal de Justicia y previa consulta a la Comisión y al Parlamento Europeo, podrá modificar las disposiciones del Título III del Estatuto.»

Capítulo IV

Disposiciones generales

Artículo 28

Las disposiciones de la presente Acta no afectarán a las disposiciones de los instrumentos de adhesión del Reino de España y de la República Portuguesa a las Comunidades Europeas.

Artículo 29

En el apartado 2 del artículo 4 de la Decisión 85/257/CEE, Euratom, del Consejo, de 7 de mayo de 1985, relativa al sistema de los recursos propios de las Comunidades, las palabras «cuyo importe y clave de reparto se fijarán en virtud de una decisión del Consejo adoptada por unanimidad» serán sustituidas por las palabras *«cuyo importe y clave de reparto se fijarán en virtud de una decisión del Consejo adoptado por mayoría cualificada, después de haber obtenido el acuerdo de los Estados miembros interesados»*.

La presente modificación no afectará a la naturaleza jurídica de la Decisión antes mencionada.

TÍTULO III

Disposiciones sobre la Cooperación Europea en materia de política exterior

Artículo 30

La Cooperación Política Europea en materia de política exterior se regulará por las disposiciones siguientes:

1. Las Altas Partes Contratantes, miembros de las Comunidades Europeas, procurarán formular y aplicar conjuntamente una política exterior europea.

2. *a*) Las Altas partes Contratantes se comprometen a informarse mutuamente y a consultarse sobre cualquier cuestión de política exterior que tenga un interés general, a fin de asegurar que su influencia combinada se ejerza de la manera más eficaz por medio de la concertación, la convergencia de sus posiciones y la realización de acciones comunes.

b) Las consultas tendrán lugar antes que las Altas Partes Contratantes fijen posición definitiva.

c) Cada una de las Altas Partes Contratantes, al adoptar sus posiciones y en sus acciones nacionales, tendrá plenamente en cuenta las posiciones de los demás asociados y tomará debidamente en consideración el interés que presentan la adopción y la aplicación de posiciones europeas comunes.

A fin de aumentar su capacidad de acción conjunta en el ámbito de la política exterior, las Altas Partes Contratantes asegurarán el desarrollo progresivo y la definición de principios y de objetivos comunes.

La determinación de posiciones comunes constituirá un punto de referencia para las políticas de las Altas Partes Contratantes.

d) Las Altas Partes Contratantes procurarán evitar cualquier acción o toma de posición que reduzca su eficacia en tanto que fuerza coherente en las relaciones internacionales o en el seno de las organizaciones internacionales.

3. *a*) Los ministros de Asuntos Exteriores y un miembro de la Comisión se reunirán al menos cuatro veces al año en el marco de la Cooperación Política Europea. Podrán tratar igualmente cuestiones de política exterior en el ámbito de la Cooperación Política exterior en el ámbito de la Cooperación Política con ocasión de las sesiones del Consejo de las Comunidades Europeas.

b) La Comisión estará plenamente asociada a los trabajos de la Cooperación Política.

c) A fin de permitir la rápida adopción de posiciones comunes y la realización de acciones comunes, las Altas Partes Contratantes se abstendrán, en la medida de lo posible, de obstaculizar la formación de un consenso y la acción conjunta que podría derivarse del mismo.

4. Las Altas Partes Contratantes asegurarán la estrecha asociación del Parlamento Europeo a la Cooperación Política Europea. A tal fin, la Presidencia informará regularmente al Parlamento Europeo de los temas de política exterior examinados en el marco de los trabajos de la Cooperación Política y velará por que en dichos trabajos sean debidamente tomados en consideración los puntos de vista del Parlamento Europeo.

5. Las políticas exteriores de la Comunidad Europea y las

políticas convenidas en el seno de la Cooperación Política Europea deberán ser coherentes.

La Presidencia y la comisión, cada una según sus competencias propias, tendrán la especial misión de velar por la búsqueda y el mantenimiento de dicha coherencia.

6. *a*) Las Altas Partes Contratantes estiman que una cooperación más estrecha en las cuestiones de seguridad europea podrá contribuir de manera esencial al desarrollo de una identidad de Europa en materia de política exterior. Están dispuestas a coordinar más sus posiciones sobre los aspectos políticos y económicos de la seguridad.

b) Las Altas Partes Contratantes están resueltas a preservar las condiciones tecnológicas e industriales necesarias para su seguridad. Actuarán a tal fin tanto en el plano nacional como, en los casos en los que resulte conveniente, en el marco de las instituciones y órganos competentes.

c) Las disposiciones del presente Título no obstarán a la existencia de una cooperación más estrecha en el campo de la seguridad entre determinadas Altas Partes Contratantes en el marco de la Unión Europea Occidental y de la Alianza Atlántica.

7. *a*) En las instituciones internacionales y en las conferencias internacionales en las que participan las Altas Partes Contratantes, éstas procurarán adoptar posiciones comunes sobre las cuestiones a que se refiere el presente Título.

b) En las instituciones internacionales y en las conferencias internacionales en las que no participen todas las Altas Partes Contratantes, las que participen tendrán las plenamente en cuenta las posiciones acordadas en el marco de la Cooperación Política Europea.

8. Las Altas Partes Contratantes organizarán, cada vez que lo consideren necesario, un diálogo político con los terceros países y las agrupaciones regionales.

9. Las Altas Partes Contratantes y la Comisión, gracias a una asistencia y a una información mutuas, intensificarán la cooperación entre sus representaciones acreditadas en los terceros países y ante las organizaciones internacionales.

10. *a*) La Presidencia de la Cooperación Política Europea será ejercida por aquella de las Altas Partes Contratantes que ejerza la Presidencia del Consejo de las Comunidades Europeas.

b) Corresponderá a la Presidencia la iniciativa, la coordinación y la representación de los Estados miembros ante los terceros países para las actividades que dependan de la Cooperación Política Europea. Estará igualmente encargada de la gestión de la Cooperación Política y, en particular, de la fijación del calendario de las reuniones, de su convocatoria, así como de su organización.

c) Los Directores Políticos se reunirán regularmente en el seno del Comité Político a fin de dar el impulso necesario, asegurar la continuidad de la Cooperación Política Europea y preparar las discusiones de los ministros.

d) A petición de tres Estados miembros, como mínimo, se convocará en el plazo de 48 horas al Comité Político, o en caso necesario una reunión ministerial.

e) El grupo de Corresponsales Europeos tendrá por misión seguir, según las directrices del Comité Político, la aplicación de la Cooperación Política Europea y estudiar los problemas de organización general.

f) Se celebrarán reuniones de Grupos de trabajo según las directrices del Comité Político.

g) Una Secretaría instalada en Bruselas asistirá a la Presidencia en la preparación y aplicación de las actividades de la Cooperación Política Europea, así como en las cuestiones administrativas. Ejercerá sus funciones bajo la autoridad de la Presidencia.

11. En materia de privilegios e inmunidades, los miembros de la Secretaría de la Cooperación Política Europea serán asimilados a los miembros de las Misiones diplomáticas de las Altas Partes Contratantes situadas en el lugar donde esté instalada la Secretaría.

12. Cinco años después de la entrada en vigor de la presente Acta, las Altas Partes Contratantes examinarán si procede someter a revisión el Título III.

TÍTULO IV

Disposiciones generales y finales

Artículo 31

Las disposiciones del Tratado constitutivo de la Comunidad Europea del Carbón y del Acero, del Tratado constitutivo de la

Comunidad Económica Europea y del Tratado constitutivo de la Comunidad Europea de la Energía Atómica relativas a la competencia del Tribunal de Justicia de las Comunidades Europeas y al ejercicio de dicha competencia sólo serán aplicables a las disposiciones del Título II y el artículo 44; se aplicarán a dichas disposiciones en las mismas condiciones que a las disposiciones de los Tratados mencionados.

Artículo 32

Salvo lo dispuesto en el apartado 1 del artículo 3, en el Título II y en el artículo 31, ninguna disposición de la presente Acta afectará a los Tratados constitutivos de las Comunidades Europeas ni a los Tratados y actas subsiguientes que los han modificado o completado.

Artículo 33

1. La presente Acta será ratificada por las Altas Partes Contratantes de conformidad con sus respectivas normas constitucionales. Los instrumentos de ratificación serán depositados ante el Gobierno de la República Italiana.

2. La presente Acta entrará en vigor el primer día del mes siguiente al depósito del instrumento de ratificación del último Estado signatario que cumpla dicha formalidad.

Artículo 34

La presente Acta, redactada en un ejemplar único, en lenguas castellana, danesa, alemana, griega, francesa, irlandesa, italiana, neerlandesa y portuguesa, cuyos textos en cada una de estas lenguas son igualmente auténticos, será depositada en los archivos del Gobierno de la República Italiana, que remitirá una copia certificada conforme a cada uno de los Gobiernos de los restantes Estados signatarios.

En fe de lo cual, los plenipotenciarios abajo firmantes suscriben la presente Acta.

Hecho en Luxemburgo el 17 de febrero de 1986 y en La Haya el 28 de febrero de 1986.

Acta Final

La Conferencia de los Representantes de los Gobiernos de los Estados miembros, convocada en Luxemburgo el 9 de septiembre de 1985, que prosiguió su trabajo en Luxemburgo y Bruselas y que, una vez concluido éste, se reunió en Luxemburgo el 17 de febrero de 1986 y en La Haya el 28 de febrero de 1986, ha adoptado el siguiente texto:

I

Acta Única Europea

II

En el momento de firmar este texto, la Conferencia ha adoptado las declaraciones enumeradas a continuación, y anejas a la presente Acta Final:

1. Declaración sobre las competencias de ejecución de la Comisión.

2. Declaración sobre el Tribunal de Justicia.

3. Declaración sobre el artículo 8 A del Tratado CEE.

4. Declaración sobre el artículo 100 A del Tratado CEE.

5. Declaración sobre el artículo 100 B del Tratado CEE.

6. Declaración general sobre artículos 13 a 19 del Acta Única Europea.

7. Declaración sobre el apartado 2 del artículo 118 A del Tratado CEE.

8. Declaración sobre el artículo 130 D del Tratado CEE.

9. Declaración sobre el artículo 130 R del Tratado CEE.

10. Declaración de las Altas Partes Contratantes sobre el Título III del Acta Unica Europea.

11. Declaración sobre la letra g) del apartado 10 del artículo 30 del Acta Única Europea.

La conferencia ha tomado, asimismo nota de las declaraciones enumeradas a continuación y anejas a la presente Acta Final:

1. Declaración de la Presidencia sobre el plazo dentro del cual deberá pronunciarse el Consejo en primera lectura (apartado 2 del artículo 149 del Tratado CEE).

2. Declaración política de los Gobiernos de los Estados miembros sobre la libre circulación de personas.

3. Declaración del Gobierno de la República Helénica sobre el artículo 8 A del Tratado CEE.

4. Declaración de la Comisión sobre el artículo 28 del Tratado CEE.

5. Declaración del Gobierno de Irlanda sobre el apartado 2 del artículo 57 del Tratado CEE.

6. Declaración del Gobierno de la República Portuguesa sobre el párrafo segundo del artículo 59 y el artículo 84 del Tratado CEE.

7. Declaración del Gobierno del Reino de Dinamarca sobre el artículo 100 A del Tratado CEE.

8. Declaración de la Presidencia y de la Comisión sobre la capacidad monetaria de la Comunidad.

9. Declaración del Gobierno del Reino de Dinamarca sobre la Cooperación Política Europea.

Declaración sobre las competencias de ejecución de la Comisión

La Conferencia pide a los órganos comunitarios que adopten, antes de la entrada en vigor del Acta, los principios y las normas con arreglo a los cuales se determinarán, en cada caso, las competencias de ejecución de la Comisión.

A este respecto la Conferencia invita al Consejo a que reserve, en particular al procedimiento del Comité Consultivo, en aras de la rapidez y eficacia del proceso de decisión, un lugar preponderante para el ejercicio de las competencias de ejecución confiadas a la Comisión en el ámbito del artículo 100 A del Tratado CEE.

Declaración sobre el Tribunal de Justicia

La Conferencia conviene en que las disposiciones del apartado 1 del artículo 32 quinto del Tratado CECA, del apartado 1 del artículo 168 A del Tratado CEE y del apartado 1 del artículo 140 A del Tratado CEEA, se entienden sin perjuicios de eventuales atribuciones de competencias jurisdiccionales que podrían preverse en el marco de los convenios celebrados entre los Estados miembros.

Declaración sobre el artículo 8 A del Tratado CEE

Con la inserción del artículo 8 A, la Conferencia desea reflejar la firme voluntad política de tomar antes del 1 de enero de 1993 las decisiones necesarias para la realización del mercado interior definido en esa disposición, y más particularmente las decisiones necesarias para la ejecución del programa de la Comisión y tal y como figura en el Libro Blanco sobre el mercado interior.

La fijación de la fecha del 31 de diciembre de 1992 no producirá efectos jurídicos de una manera automática

Declaración sobre el artículo 100 A del Tratado CEE

La Comisión favorecerá, en sus propuestas en el marco del apartado 1 del artículo 100 A, el recurso al instrumento de la directiva si la armonización implica, en uno o varios Estados miembros, una modificación de disposiciones legales.

Declaración sobre el artículo 100 B del Tratado CEE

La Conferencia considera que, dado que el artículo 8 C del Tratado CEE tiene un alcance general, éste debe aplicarse también en el caso de las propuestas que la Comisión deba presentar en virtud del artículo 100 B de dicho Tratado.

Declaración general sobre los artículos 13 a 19 del Acta Única Europea

Nada de lo establecido en esas disposiciones afectará al derecho de los Estados miembros de adoptar aquellas medidas que estimen necesarias en materia de control de la inmigración de terceros países y de lucha contra el terrorismo, la criminalidad, el tráfico de drogas y el tráfico de obras de arte y de antigüedades.

Declaración sobre el apartado 2 del artículo 118 A del Tratado CEE

La Conferencia observa que en las deliberaciones sobre el apartado 2 del artículo 118 A del Tratado CEE hubo acuerdo sobre el hecho de que, en la definición de normas mínimas destinadas a proteger la seguridad y la salud de los trabajadores, la Comunidad no tiene la intención de discriminar a los trabajadores de las pequeñas y medianas empresas de una forma que no se justifique objetivamente.

Declaración sobre el artículo 130 D del Tratado CEE.

La Conferencia recuerda al respecto las conclusiones del Consejo Europeo de Bruselas, de marzo de 1984, que dicen así:

«Los medios financieros destinados a las intervenciones de los Fondos, teniendo en cuenta los PIM, serán aumentados de forma significativa, en términos reales, en el marco de las posibilidades de financiación.»

Declaración sobre el artículo 130 R del Tratado CEE:

Con respecto al tercer guión del apartado 1

La Conferencia confirma que la acción de la Comunidad en el ámbito del medio ambiente no deberá interferir en la política nacional de explotación de los recursos energéticos.

Con respecto al párrafo segundo del apartado 5

La Conferencia considera que las disposiciones del párrafo segundo del apartado 5 del artículo 130 R no afectan a los principios que resultan de la sentencia del Tribunal de Justicia en el asunto AETR.

Declaración de las Altas Partes Contratantes sobre el Título III del Acta Única Europea

Las Altas Partes Contratantes del Título III sobre la Cooperación Política Europea reafirman su actitud de apertura respecto de otras naciones europeas que comparten los mismos ideales y los mismos objetivos. Convienen, en particular, en fortalecer sus lazos con los Estados miembros del Consejo de Europa y con otros países europeos democráticos con los que mantienen relaciones amistosas y cooperan estrechamente.

Declaración sobre la letra *g* del apartado 10 del artículo 30 del Acta Única Europea

La Conferencia considera que las disposiciones del apartado 10 *g*) no afectan a las disposiciones de la Decisión de los Representantes de los Gobiernos de los Estados miembros de 8 de abril de 1965 relativa a la instalación provisional de determinadas instituciones y de determinados servicios de las Comunidades.

Declaración de la Presidencia sobre el plazo dentro del cual deberá pronunciarse el Consejo en primera lectura (apartado 2 del artículo 149 del Tratado CEE)

Con respecto a la Declaración del Consejo Europeo de Milán, según la cual el Consejo debe buscar la manera de mejorar sus procedimientos de decisión, la Presidencia ha manifestado la intención de llevar a buen fin los mencionados trabajos dentro del plazo más breve posible.

Declaración política de los Gobiernos de los Estados miembros sobre la libre circulación de personas

Con objeto de promover la libre circulación de personas, los Estados miembros cooperarán, sin perjuicio de las competencias de la Comunidad, en particular en lo que respecta a la entrada, circulación y residencia de los nacionales de terceros países. Asimismo cooperarán en lo que se refiere a la lucha contra el terrorismo, la criminalidad, la droga y el tráfico de obras de arte y de antigüedades.

Declaración del Gobierno de la República Helénica sobre el artículo 8 A del Tratado CEE

Grecia considera que el desarrollo de políticas y acciones comunitarias y la adopción de medidas en virtud del apartado 1 del artículo 70 y del artículo 84 deberán hacerse de tal forma que no perjudiquen a los sectores sensibles de las economías de los Estados miembros.

Declaración de la Comisión sobre el artículo 28 del Tratado CEE

En lo que respecta a sus propios procedimientos internos, la Comisión adoptará las medidas necesarias para que los cambios que resulten de la modificación del artículo 28 del Tratado CEE no produzcan un retraso en su respuesta a las peticiones urgentes de modificación o de suspensión de derechos del arancel aduanero común.

Declaración del Gobierno de Irlanda sobre el apartado 2 del artículo 57 del Tratado CEE

Irlanda, al confirmar su acuerdo sobre la votación por mayoría cualificada en el apartado 2 del artículo 57, desea recordar que el sector del seguro en Irlanda es especialmente sensible y que han tenido que adoptarse medidas específicas para la protección de los titulares de pólizas de seguros y de las terceras partes. En relación con la armonización de las legislaciones de seguros, el Gobierno irlandés parte del supuesto de que podrá contar con una actitud comprensiva por parte de la Comisión y de los otros Estados miembros de la Comunidad en caso de que Irlanda se encontrare posteriormente en una situación en la que el Gobierno irlandés considerare necesario adoptar disposiciones especiales respecto de la situación de dicho sector en Irlanda.

Declaración del Gobierno de la Repúlica Portuguesa sobre el párrafo segundo del artículo 59 y el artículo 84 del Tratado CEE

Portugal estima que el paso de la votación por unanimidad a la votación por mayoría cualificada, en el párrafo segundo del artículo 59 y en el artículo 84, al no haber sido planteado en las negociaciones de adhesión de Portugal a la Comunidad y al modificar sustancialmente el acervo comunitario, no debe dañar a los sectores sensibles y vitales de la economía portuguesa, y que deberían adoptarse medidas transitorias específicas apropiadas cada vez que fuere necesario, a fin de impedir posibles efectos negativos para dichos sectores.

Declaración del Gobierno del Reino de Dinamarca sobre el artículo 100 A del Tratado CEE

El Gobierno danés hace constar que en los casos en que un país miembro considere que una medida de armonización adoptada acogiéndose al artículo 100 A no salvaguarde requisitos más elevados relativos al medio de trabajo, la protección del medio ambiente o los requisitos mencionados en el artículo 36, el apartado 4 del artículo 100 A garantiza que el Estado miembro interesado podrá aplicar medidas nacionales. Las medidas nacionales deberán tener por objeto cumplir los requisitos antes mencionados y no deben constituir un proteccionismo encubierto.

Declaración de la Presidencia y de la Comisión sobre la capacidad monetaria de la Comunidad

La Presidencia y la Comisión consideran que las disposiciones relativas a la capacidad monetaria de la Comunidad introducidas en el Tratado CEE no prejuzgan la posibilidad de un desarrollo posterior en el marco de las competencias existentes.

Declaración del Gobierno del Reino de Dinamarca sobre la Cooperación Política Europea

El Gobierno danés hace constar que la conclusión del Título III sobre la Cooperación Política Europea no afectará a la participación de Dinamarca en la cooperación nórdica en el ámbito de la política exterior.

Capítulo 14

La Europa que queremos

14.–La Europa que queremos

España forma parte como socio de pleno derecho, de la Comunidad Económica Europa desde hace pocas semanas. Nos embarcamos pues, como partícipes, en una inmensa maquinaria que empezó a moverse en 1957 con el Tratado de Roma y que se ha convertido a lo largo de un proceso que he relatado en las páginas anteriores en una compleja y vastísima organización económica, financiera, política y social. El Tratado de Madrid por el que nos adherimos a la Comunidad es muy breve. Tiene sólo tres artículos. Pero el Acta adjunta, contiene en cambio 403 artículos; 36 Anejos; 25 Protocolos y 49 Declaraciones. Se calcula por los expertos que hay más de un centenar de temas urgentes que requieren una negociación inmediata para ponerlos debidamente en funcionamiento. Ello quiere decir que la Administración española se ha de poner en pie, casi por entero, para iniciar ese nuevo maratón administrativo-jurídico que nos sitúe definitivamente dentro del sistema comunitario. España se incorpora a ese ámbito después de una larga y difícil negociación que ha durado, como sabemos, muchos años –casi veintitrés– desde sus remotos comienzos. Las últimas y definitivas fases de ese forcejeo hispano-comunitario –que no es necesario evocar aquí– han puesto al descubierto, algunos de los graves problemas estructurales que conlleva la propia Comunidad y que se hallan, por ahora, irresueltos. Habremos en un futuro próximo de pronunciarnos y tomar posición ante esas cuestiones capitales que atañen sobre todo al éxito del proceso de unificación política de Europa que se halla aún lejos de terminar.

¿Qué es lo que España debe mantener de su contenido propio e insobornable, ante la corriente integradora? ¿Qué es lo que España puede aportar como criterios propios a la tarea de construir, entre todos, la Europa unida?

He aquí un par de preguntas que debemos hacernos los españoles a la hora presente. Conviene, a mi entender, acentuar el carácter voluntarista de nuestra presencia y de nuestra participación. No hay que contemplar nuestra entrada en la Comunidad como un hecho fatalista –algunos lo hacen– es decir, como un conjunto de criterios y de normas que nos van a ser impuestos por el extranjero. Nos hallamos dentro de la Europa de los Doce, como un socio recién llegado, al que no se le miran, sin embargo, las fechas de sus credenciales de ingreso. Debemos, en arduo y cotidiano trabajo en el seno de los organismo comunitarios, analizar y reclamar cuanto legítimamente nos corresponda recibir o exigir, defendiendo los intereses de nuestra economía o de nuestro patrimonio. Pero hemos de aportar también a las mesas de la Comisión, del Consejo de Ministros, del Parlamento europeo y de las numerosísimas comisiones existentes nuestras ideas sobre el problema pendiente de la unificación política de Europa; nuestros criterios acerca del ritmo y dirección de ese proceso; nuestras opiniones respecto a la política de cooperación de los Doce hacia el resto del mundo; y nuestras convicciones sobre cómo garantizar mejor el futuro de la paz en el Viejo Continente. En otras palabras: lo que queremos que sea en el porvenir, la Europa comunitaria, considerada como el núcleo más dinámico de la Europa occidental en su conjunto. Como el motor que lleva dentro de sí, la iniciativa y la responsabilidad mayores de la construcción de Europa.

* * *

Empecemos por resumir lo que para España significa la entrada en la Comunidad. Somos hoy, una nación de casi cuarenta millones de habitantes incluyendo en esa cifra a los emigrantes españoles que residen y trabajan en los países occidentales de Europa. Las estadísticas demográficas nos indican que la población de España se acerca a ese guarismo de cuarenta millones, como frontera de una estabilidad cuyos límites no se desbordarán en los dos decenios próximos. Llegaremos pues, dentro de poco, al crecimiento demográfico cero. Ese dato, del que se habla poco, es a mi juicio, un factor determinante para el diseño de nuestra futura política económica y social. No tener en el horizonte de los años próximos, el fantasma preocupante de una presión demográfica en continua alza, aunque ello pueda ser negativo para el peso futuro de la población española en Europa, es un dato importante para organizar una más justa distribución de la riqueza y sobre todo para dar mayor credibilidad a los planes o proyectos del desarrollo industrial inmediato y de la reordenación o reconversión de los sectores productivos de nuestra economía.

Somos pues, cuarenta millones más de habitantes que engrosamos el Mercado Común de los consumidores europeos. Un Mercado que, con el ingreso de las dos naciones peninsulares, alcanza ya la considerable cifra de trescientos veintidós millones de seres. El productor español en general ha de irse habituando a la idea que desde el comienzo de los años previstos del desarme arancelario, se le ofrecerá una creciente demanda potencial de compras, desde el exterior, para la que ha de prepararse con mejoras en el coste; rigor en el precio; normas ineludibles de presentación; los módulos de eficacia comercial y calidades estandarizadas exigidas. Se pone en marcha pues, con nuestro ingreso un estímulo y acicate permanente que se impondrá a los empresarios productores de España, con el objetivo de alcanzar los niveles de perfección innovadora y de competitividad necesarios, para luchar en condiciones favorables en la oferta internacional hacia los cientos de millones de clientes consumidores de los restantes países del Mercado que se hallan a la espera de esas renovadas y mejoradas mercancías de nuestro país.

* * *

Algunos se preguntan. ¿Tendremos los españoles, en los próximos años, peso específico suficiente para incidir antes los restantes once países con nuestros criterios, en el rumbo de la política común integrada? ¿Nuestra voz será escuchada y atendida debidamente, en el seno de la Comisión europea de Bruselas y del Consejo de Ministros o de las reuniones del Consejo Europeo? Uno de los motivos de fondo que provocaron el largo retraso en la negociación para el ingreso de España fue precisamente la notable dimensión del conjunto macro-económico español, es decir, la importante magnitud estadística de nuestra economía. España es hoy la quinta potencia económica de Europa, situada aproximadamente un poco por detrás de Italia. Es asimismo la décima potencia industrial en el «ranking» mundial. Ello quiere decir que no somos en el conjunto de Europa, ni una nación pequeña, ni una economía nacional de volumen irrelevante.

Esa magnitud de la economía española ha de impactar notablemente las futuras decisiones colectivas comunitarias. Y es evidente que la presencia española en las mesas de Comisión de Bruselas y de Luxemburgo, en la burocracia rectora y en las áreas de jurisdicción de sectores concretos, en las numerosísimas comisiones *ad hoc* que se reúnen cotidianamente, y en los escaños parlamentarios de Estrasburgo –sesenta diputados sobre algo más de quinientos– ha de ser decisiva en muchos aspectos de la política cotidiana de la CEE. España no va a ser un socio callado en actitud pasiva, sino un país miembro, que pisa fuerte y manifiesta activamente sus opiniones. Todos los socios tienen el mismo derecho y la misma voz. El ejemplo de la Gran Bretaña que después de esperar doce años a la puerta de la CEE ingresó por fin, en 1973, bajo el gobierno conservador de mister Heath y fue, desde el primer momento, uno de los miembros más activos, más previsto de iniciativas y mejor conocedor de las reglas del juego, es quizá aleccionador para nuestros futuros representantes en la Comunidad

Los españoles queremos, mayoritariamente para nuestro país –lo dicen los sondeos– una España europea. Pero debemos definir también aquello que no queremos, ni debemos, ni podemos, abandonar a la hora de nuestro ingreso. Son algunos determinados signos específicos de nuestra identidad nacional. Sin pretensión exhaustiva, enumero a continuación algunos de los que yo llamaría «bagajes irrenunciables» a la hora de nuestro ingreso.

* * *

España constituye hoy una comunidad política plural en la que convergen etnias, lenguas y culturas diversas que han dejado a través de nuestra historia común de muchos siglos, sedimentos vivos en la existencia española. Es la España de las autonomías reflejada de manera inequívoca en nuestro texto constitucional. La unificación política de esa Europa occidental que ahora se trata de relanzar desde arriba, se quiere llevar a cabo, por vez primera en la historia del continente, con absoluto respeto a la libre voluntad electoral de los pueblos que hayan de integrarse. Es decir, a través de un consenso abierto y democrático. En siglos pasados, esa unidad se intentó en la historia de Europa desde diversas formas de poder, con proyectos forzados, casi siempre de orden militar. Pero ahora, se pretende lograr una Europa, basada en la opinión, libremente manifestada, por sus habitantes. Es decir, a través de un proyecto político civilizado, de mucha mayor dificultad y lentitud en su elaboración. Pero también de más consistente magnitud y solidez en su significado y en sus definitivos resultados.

Quiero recordar aquí el respeto indispensable que existe hacia la personalidad y la estructura política de cada Estado de los que se suman a este proyecto. Nuestra Monarquía parlamentaria tiene, por vez primera en la historia española, una estructura interior autonómica y descentralizadora, recogida en la Constitución, manifestándose con ello, un reconocimiento hacia los pueblos y nacionalidades que forman la comunidad que llamamos España y el respeto a su albedrío político, económico y cultural. La Europa unificada ha de tener en cuenta ese tipo de singularidades que abundan en el Occidente europeo, no pudiendo olvidarlas a la hora de legislar o establecer normativas comunitarias que obliguen a los países miembros. «La Europa de las regiones» a la que me refiero en el capítulo X forma parte –como «la Europa de los municipios»– del sistema de poder político, previsto para este continente en vías de unificación. Y en esa «Europa de las regiones» España puede jugar un papel singular y relevante, enriqueciendo con el balance objetivo de su experiencia reciente el porvenir de las formas políticas regionales de la Europa unida: Creer que la «Europa de las regiones» sería un sistema ajeno e indiferente al proceso unificador global es asimismo una falacia. La Europa del futuro tendrá por el contrario hacia la problemática de las regiones, una actitud abierta, generosa y comprensiva, convencida de la sustancial importancia del tema a la hora de legislar para todos.

* * *

España es el hontanar de una cultura bien definida, de alcance nacional, europeo y universal a la vez. Nuestras letras y nuestras artes forman parte sustancial del tesoro común de Europa. No son algo exótico, ni heterogéneo en su raíz y en su contenido, sino un conjunto puramente europeo en su formulación y desarrollo. Si el individualismo, es decir, la exaltación del hombre como protagonista de la historia, y del ser humano provisto de su dignidad y de su libertad, es una de las raíces del llamado «espíritu europeo», los grandes mitos de nuestra literatura: el Cid; el Quijote; Don Juan; la Celestina; Segismundo y hasta San Manuel Bueno, son otros tantos ejemplos, entre muchos, de esa individualidad enérgica del ser español reflejada en las letras castellanas y en el arte español. Ese acento en lo señero del carácter del hombre o de la mujer de nuestro país; de los caballeros andantes y solitarios en búsqueda de la aventura espiritual o material, o en demanda de Dios, de la intimidad, del amor, del poder, de la riqueza, son otros tantos arquetipos del espíritu de la cultura occidental. Hay que subrayar esa innegable aportación española a la definición de lo europeo. No vamos a olvidar lo que representa esa extraordinaria galería de personajes del genio nacional para diluirnos en la vaga generalidad de una identidad europeísta posmoderna. Debemos por el contrario exaltarla por su significación cultural en la historia de la civilización del continente.

El ejemplo de la pintura es ilustrativo en ese aspecto. ¿Qué pueblo europeo puede ignorar esa admirable y milagrosa capacidad plástica del español para mirar al mundo y definir su esencia con los pinceles, en el lienzo, o en la tabla o en los muros? Desde el artista desconocido de las cuevas de Altamira, hasta Picasso, Miró y Dalí, pasando por Velázquez, Murillo, Zurbarán, Goya y Zuloaga hay en todas las épocas, un pintor español universal que captó el secreto de las formas, el color de su tiempo y la metafísica de su época, enriqueciendo con ello la historia del arte de Europa. En el arte de la escultura podríamos establecer una serie parecida desde Berruguete a Chillida. Sin olvidar a la música y a la danza, paradigmáticos, en el alcance universal de su perfección creadora.

Tenemos otro activo de primer orden, europeo y mundial a la vez, en el plano espiritual y sociológico del futuro, que es nuestra lengua, la lengua castellana. De las aproximadamente cuarenta lenguas vivas, que se hablan hoy día en Europa, se pueden llamar «grandes lenguas de cultura mundial» seis o siete entre ellas. El inglés es hoy la primera, en cuanto al número de los individuos que la emplean en el conjunto demográfico de la humanidad. Y el castellano, la segunda, con más de trescientos millones de hispano-hablantes, muy por encima de las cifras del francés, del alemán, del italiano y del portugués. A fines del siglo XX, las encuestas prospectivas señalan que el castellano sobrepasará al inglés y se convertirá en la más hablada de las lenguas europeas en el mundo. Ese acontecimiento linguístico próximo no puede dejarnos indiferentes. Seríamos unos irresponsables si no sacáramos, desde ahora, las consecuencias de ese hecho, dentro de nuestra presencia en la Comunidad. El «vídeo» y la televisión como instrumento de educación y comunicación; y los satélites espaciales como portadores de la lengua milenaria y millonaria de los españoles a todos los públicos de la Tierra, abren perspectivas de gigantescas posibilidades para la actividad creadora de nuestros intelectuales y para la actividad comercial de nuestros editores, ante el insospechado mercado que ya se adivina de cientos de millones de espectadores y lectores que hablarán el castellano. Nuestra lengua es una de las más ricas aportaciones al peso futuro de la Europa comunitaria en el espacio cultural universal. Y un argumento más, para que España sirva de vehículo privilegiado en las relaciones de todo orden de la Comunidad con el mundo iberoamericano.

Hay otro aspecto más sutil de esa identidad específica que quiero mencionar. Es el llamado «talante del español». Aspecto traído y llevado, discutido, alabado o criticado, por ensayistas, filósofos y sociólogos, de dentro y de fuera de nuestro país. El convertirse España en una «nación europea» no significa, en modo alguno que hayamos de renunciar a esa forma de nuestro ser. Los «modos de vivir» del español son parte esencial de nuestra existencia. El español sabe quizá mejor que nadie gozar de la vida. Saborea el regalo de aquello bueno que le ofrezca cada día, se esponja en la cotidianidad diversa y a veces, sorprendente, de nuestro quehacer cotidiano.

Es muy cierto que el español ama el ocio. No porque rechace el trabajo, como algunos interpretan con simplismo. Al contrario, el español es de los mejores trabajadores del mundo desarrollado, en cualquier oficio, profesión, investigación o arte. Díganlo cuántos empresarios españoles, los han conocido a millares. Y los empresarios extranjeros a través de nuestras oleadas emigratorias a la Europa occidental en las últimas décadas.

Esa capacidad extraordinaria del español para el trabajo duro y disciplinado, no le impide disfrutar de las fiestas y vacaciones con mucha más intensidad que los demás pueblos de Europa lo hacen. La afición del español a las fiestas, a la diversión, al jolgorio y al descanso que tanto impresiona a los europeos visitantes, tiene sus raíces en la tradición milenaria de nuestros pueblos y comarcas. La sabiduría indulgente de la Iglesia Católica hizo mucho para ayudar a esa tendencia. Un viajero extranjero que visitó

España a fines del siglo XVII contabilizó hasta ciento cincuenta días festivos religiosos –entre patronos locales y fiestas de guardar– a lo largo de la geografía española, es decir, que eran días de holganza obligatoria en determinados lugares. El ocio español no es un vicio en sí, sino una invitación al desarrollo espiritual de cada uno. El progreso tecnológico nos va a traer espacios de ocio en la vida cotidiana que habrá que llenar con los ricos alimentos de la cultura y de la diversión. En España, el aumento de esos tiempos de distracción y reflexión no hace sino coincidir con uno de los aspectos más profundos del talante español que podíamos definir así: «Al español le gusta disfrutar del ocio.»

* * *

En el mundo de nuestro tiempo, el fenómeno de mayores consecuencias para el futuro, que dará una configuración peculiar al próximo siglo XXI, es la revolución científico-técnica en la que ya nos hallamos metidos, sin darnos bien cuenta todavía de sus inmensas repercusiones sobre la vida y la conducta humanas. La revolución del progreso tecnológico que desemboca en la sociedad informática, supone entrar en un capítulo nuevo de la historia de la humanidad. Por vez primera, una revolución industrial no se basa en la energía producida por una máquina, partiendo del vapor de agua, del carbón, de la fuerza hidráulica, del petróleo o de la fusión nuclear, sino que esa revolución utiliza como primera materia, el cerebro humano, es decir, el intelecto del hombre, el pensamiento, cuya complejas y numerosísimas funciones trata de potenciar, aumentar, multiplicar, almacenar y manejar. Esta revolución ha desencadenado a su vez numerosas reacciones en cadena. Ha traído consigo la invasión de la cibernética; la sustitución del hombre por la máquina automática; la capacidad casi infinita de almacenar millones de datos en cápsulas micrométricas y utilizarlos en tiempo real; el dominio del llamado espacio exterior; la descentralización del trabajo industrial masivo y sobre todo, una verdadera explosión de innovaciones concretas en el campo de las aplicaciones prácticas. Recientemente un economista norteamericano, daba la sorprendente cifra de que se crean cada semana diez mil empresas nuevas, medias y pequeñas en los Estados Unidos, para ofrecer ese género de originales técnicas a la demanda fortísima que las exige.

Entre los países desarrollados hay claramente tres polos de iniciativa en ese gran avance científico-técnico: los Estados Unidos; el Japón y la Europa comunitaria. Nuestra opción lógica es entendernos con la alternativa europea que se prepara intensamente para estar presente en la carrera de progresos y competencia, sin perjuicio de que sigamos manteniendo un diálogo abierto y comprometido con los otros dos gigantes: los Estados Unidos y el Japón. El esfuerzo aislado de cada nación en ese terreno sería ineficaz y acabaría en un total sometimiento comercial y técnico a los dos supergrandes. La Comunidad trabaja, febrilmente, en medio de notables dificultades para unificar los esfuerzos de los Doce coordinando sus actividades en ese decisivo, complejo y difícil terreno.

El proyecto «Eureka» lanzado por Francia, es un feliz ejemplo de cuanto acabo de señalar. La rapidez con que ha sido posible poner de acuerdo, no sólo a los socios comunitarios en esa iniciativa, sino incorporar al acuerdo a países no comunitarios como Austria, Suiza, Suecia y Finlandia, es un hecho de innegable interés porque revela el alcance tan extendido del problema que no es sino el retraso tecnológico de la Europa occidental frente a la agresiva competencia de los gigantes americano y japonés.

Para España el tema es de una actualidad apasionante. Estoy convencido de que los profesionales españoles acabarán haciendo contribuciones decisivas al torrente de invenciones y novedades que engrosan el flujo de los nuevos conocimientos y aplicaciones de la era informática. Recientemente leí un magnífico artículo titulado «Ingenieros para Europa» debido a la pluma de Alzugaray que aludía a ese problema y a la urgente necesidad de que en España se potencie la formación de ingenieros y de expertos para ir al encuentro de ese proyecto de modernización interior que requiere un estrecho y sostenido avance, en coordinación con las universidades, escuelas especiales y las industrias de tecnología de punta de Francia, de Alemania, del Benelux y de Gran Bretaña, entre otras (1).

* * *

(1) Para una breve y luminosa síntesis de las adaptaciones de la estructura económica española a las exigencias de nuestra integración, véase el trabajo de Antonio Robert: «España en el Mercado Común», separata de *Moneda y Crédito,* núm. 1973, junio 1985.

La España que queremos ser, dentro de la Europa Comunitaria, podía definirse de forma abreviada como una España que desea llevar adelante el proceso de modernización del conjunto de nuestro país. Que intenta ponerlo al día en sus estructuras administrativas, en sus reformas del sistema productivo, industrial y de los servicios. Que trata de lograr unas universidades y unas escuelas de tecnología, ejemplares en su nivel y en su eficacia docente. Que desearía poder dotar con espléndida largueza a los sectores de la investigación científica que hoy no llegan en sus presupuestos al 0,5 por 100 del P.N.B. Que se proponga actualizar el sector agrario de tan grande y decisiva importancia. Y también reformar el conjunto de las estructuras comerciales; el sistema de financiación pública y privada, los medios de comunicación escritos y visuales, la estructura y el armamento de la defensa nacional, el transporte en todas sus ramas y el urbanismo actual y futuro de nuestros grandes núcleos de población, dotándolos de una filosofía nueva sobre la vida de la ciudad y sus dimensiones, pues el urbanismo civilizado y humanista es una radical condición del progreso cualitativo de los pueblos. Pero no es solamente al Estado y a los sucesivos gobiernos, a quienes corresponde la iniciativa de ese gigantesco esfuerzo. Es en primer término, a la sociedad civil a la que hay que atribuir la mayor responsabilidad del éxito o del fracaso en esa larga y difícil operación.

La sociedad española de hoy es, en su gran mayoría, una sociedad civilizada y madura, adulta y tolerante. Su actitud serena y ejemplar en la transición, ante las corrientes de la permisividad y de la apertura, ha hecho posible la gradual reconciliación de los españoles bajo la cúpula integradora, arbitral y simbólica de la Corona. Esa sociedad ha de jugar un papel de protagonista en la modernización de la que hablamos. A ella corresponde con su comportamiento y actitud representar el papel directivo de ese proceso más que a los gobiernos o a los partidos políticos. ¿Existe hoy una conciencia civil en nuestra sociedad que se interesa activamente por nuestra incorporación a Europa? Pienso que en su mayoría, la gente española acoge el hecho con curiosidad, con simpatía y con un cierto escepticismo. No sabe bien, si va a ser bueno o malo, en su conjunto. Teme que se encarezca la vida, que tenga dificultades el campo, que no se resuelva el problema del paro, que las multinacionales nos invadan, y que al final, todo seguirá lo mismo. Es difícil salir al paso de esa relativa indiferencia porque no se ha explicado con mucha claridad hasta la fecha, lo que es de verdad el Mercado Común, en qué consisten sus reglas esenciales y su filosofía profunda, y en qué medida saldremos beneficiados, sobre todo por tratarse de un estímulo gigantesco y obligado que nos incita a ponernos al día en un sin número de vertientes de nuestra existencia colectiva.

* * *

Europa es la cuna y el origen de las libertades y de los derechos del hombre, esencia de la idea democrática. Europa inventó la noción del individualismo en el período del Renacimiento con la capacidad de que el hombre se forje a sí mismo apoyado en su inteligencia. El derecho a disentir y el derecho a equivocarse, son asimismo la base del espíritu crítico europeo, que dio lugar al progreso de la ciencia. La ciencia avanzó a base de ensayos y de errores. O como escribió Ortega y Gasset: «El pensamiento progresa merced al derroche de esfuerzo con que se dedica a recorrer hasta el fin, las vías muertas.» Ese talante del que es un investigador científico hemos de asumirlo plenariamente en nuestra educación y en la formación de las generaciones jóvenes.

El español europeo tendrá que aceptar también un mayor rigor en los comportamientos de la conducta pública. Cumplir –por ejemplo– con el fisco, a condición de que el gobernante, a su vez, dé cuenta y razón de la última peseta del gasto público, sin lo cual aquel rigor no tendría, éticamente, ningún sentido. Lo chapucero y lo chabacano en ideas, conductas y lenguaje, deben desaparecer para siempre de los foros y de las constumbres de la vida pública. Y la puntualidad, que se toma a broma en ciertos sectores sociales de España –salvo en la hora del comienzo de las corridas de toros– es otra de las novedades que el europeísmo impondrá entre nosotros para poner los relojes de las comidas y de las reuniones españolas, en hora, con los otros usos y hábitos del continente al que pertenecemos.

* * *

España ¿puede aportar ingredientes propios de su cosecha al proceso unificador de la Europa Occidental a largo plazo? A mi parecer puede y debe llevar a cabo en ese terreno una política de índole decisiva. Desde hace siglos, se vienen señalando, en efecto, entre los componentes diversos que forman el conjunto del llamado tejido europeo, social y cultural, dos de ellos, perfectamente diferenciados y antagónicos: la llamada Europa nórdica y la Europa meridional. O como ha escrito recientemente Luis Racionero en un lúcido volumen: «Los bárbaros del norte y los pueblos mediterráneos.» Es decir, el genio del trabajo productor y el de la mejora de la calidad de la vida. Dos mentalidades que podíamos simplificar hablando de cantidad y calidad, de eficacia técnica y de belleza armónica, definen las «dos Europas» que durante siglos han buscado –sin lograrla del todo– la unidad cultural del Continente. La sangre joven del norte que ha lanzado y logrado la revolución industrial, de una parte; y el ideal humanista que propugna el refinamiento espiritual de la vida y que es el patrimonio primordial de la Europa del sur. Esa gran síntesis necesaria, para el relanzamiento del espacio cultural de Europa, puede ser uno de los objetivos que se proponga la presencia y participación española en las tareas que se desarrollan para conseguir la Europa unida. España comprende muy bien lo que significa ese «par» de fuerzas encontradas que se llaman el «Norte-Sur» y que existe no sólo dentro de Europa, sino dentro de la propia España y que bien utilizado puede y debe ser un instrumento de verdadero progreso nacional y continental.

Hay asimismo una vertiente interior española en esta integración europea de España que no quiero ignorar por su radical importancia. Nuestra presencia en la Comunidad y en el dispositivo estratégico defensivo del Occidente democrático que se llama la Alianza Atlántica significa en último término que la era de las guerras civiles habrá terminado en nuestro país. España, desde la Guerra de la Independencia y la pérdida del Imperio americano bajo el reinado de Fernando VII, se encerró dentro de sí misma. No tuvo una política exterior digna de ese nombre y desgarró sus entrañas en tres guerras civiles, en el curso de los cien años que van de 1833 a 1936. Ese recurrente fratricidio entre los españoles, toca a su fin, al ir desapareciendo la idea del enfrentamiento armado del escenario ideológico nacional como solución a ensayar dentro de nuestra vida pública. Ni la derecha ni la izquierda aceptan hoy en España, en su inmensa mayoría, la utilización de la violencia para dirimir sus legítimas contiendas o antagonismos, o para defender sus programas políticos respectivos.

Al trasladarse la dialéctica ideológica, del plano interior, al teatro universal, va cayendo en el vacío, la tensión interna. No significa esto que España quiera verse envuelta en conflictos internacionales. La política exterior de España no tiene agresividad contra ningún país y su única reclamación territorial, la de Gibraltar, se dirime y se ha de resolver por las vías del diálogo diplomático. Defenderemos España y sus legítimos intereses y su independencia frente a las amenazas o presiones que existan pero no tenemos apetencia de conquista o de expansión de ninguna clase. Aspiramos a que España trabaje intensa y sinceramente por la paz del mundo. Pero creemos que la defensa de España debe hacerse en la integración de las Alianzas con las demás naciones democráticas europeas que se rigen por sistemas políticos análogos al nuestro, basados en la libertad y en el pluralismo (2).

* * *

Hay algunas tentaciones políticas que han acechado al español durante muchos años y que es preciso superar dentro del europeísmo activo que supone nuestro ingreso en la Comunidad. Algunos de esos síndromes son la tentación de «lo africano». La tentación "tercermundista". Y el apóstrofre famoso inventado por mi paisano, el vasco hirsuto y genial que se llamó don Miguel de Unamuno y que hacía exclamar a uno de sus personajes de ficción: «¡Que inventen ellos!»

El africanismo fue durante mucho tiempo, un supuesto objetivo de nuestra política exterior. Ángel Ganivet, el sutil pensador granadino del *Idearium,* escribió que España habiendo cerrado todas sus puertas debía dejar entornada, al menos, una, la de Africa, que era el camino de su natural expansión. Estas palabras sonaban como el canto desesperado de la generación del 98, que buscaba en el continente vecino del sur, un hueco que llenarle de nuevo, tras la pérdida de la ilusión nacional. África fue una moda del patriotismo de esa época. El ejército también tenía entonces sus africanistas y no-africanistas. El propio Alfonso XIII se contagió del clima y algunos dieron en llamarle «Alfonso XIII, el Africano». No tenemos ningún prejuicio contra el África vecina y lejana a la vez. Aspiramos a unirnos en continuidad geográfica, algún día, con ella, a través de un puente o túnel que atraviese el Estrecho y nos acerque sustancialmente a las tierras y pueblos del inmenso continente. En África tenemos a la salida de

(2) Felizmente, poco después de escribirse estas líneas, el pueblo español dio muestras de su sensatez aprobando en el referéndum del día 20 de marzo la integración española en la Alianza Atlántica.

ese túnel o puente futuro un cercano y poderoso vecino, el Reino de Marruecos, cuyas coordenadas geopolíticas se interfieren con las nuestras, en torno al vital estrecho de Gibraltar, capricho geológico y oceánico que tanto ha condicionado el destino de ambos pueblos en el pasado. Entenderse con Marruecos en profundidad es uno de los objetivos permanentes de nuestra política exterior y nada sería tan funesto para el porvenir de España como tratar de olvidarnos de esa realidad en una actitud de simple pasividad o espera.

Pero dicho esto, africanos, no lo somos, ni lo es nuestra cultura. Algunos escritores franceses del pasado siglo como Taine, en su frivolidad romántica, dijeron aquello de que «África empezaba en los Pirineos.» Europa es la que acaba, no en los Pirineos, sino en la roca de Gibraltar cuya punta se llama, no por casualidad, «Punta de Europa». Y en ella se alza la ermita de la «Virgen de Europa», símbolo de un continente enraizado en la cultura cristiana.

El síndrome «tercermundista» está ahora también de moda entre algunos sectores que lo consideran «progre». Miramos con inmenso interés y cordialidad, al mal llamado «Tercer Mundo» y en especial, a la parte de ese mundo que se halla en el continente americano y habla la lengua castellana. Es ello una cosa legítima y normal. Pero otra muy distinta, pretender apoyar toda una política exterior española en ese trágico y primitivo sector de la población humana en la que los problemas urgentes son –entre otros– el hambre, la miseria y la enfermedad. Queremos ayudar sustancialmente, al denominado «Tercer Mundo» para aliviar, sus lacras y llevar el progreso a esos países, pero no alinearnos teóricamente en sus filas en una postura ridículamente demagógica. El tercermundismo doctrinal, como ideología, es un himno al atraso y a la pobreza de los pueblos.

* * *

Finalmente recuerdo el «¡que inventen ellos!». El grito desesperado y despechado de un celtíbero independiente, frente a la Europa científica de comienzos de este siglo que nos abrumaba con su técnica y su sabiduría. Aquel hombre, creía que a España le bastaba para subsistir, su tradición humanista y su talante tradicional aunque no inventase nada. Y eso, ya no es cierto y no lo suscribimos en la sociedad española contemporánea. Tenemos que investigar y tenemos que inventar, los españoles. La serie de los grandes espíritus que se llamaron Menéndez Pidal, Joaquín Costa, Marañón, Pérez de Ayala, Ortega y Gasset, Baroja, Maeztu, Salvador de Madariaga, Antonio Gaudí, Francésc Cambó, Eugenio d'Ors, Santiago Alba, Manuel Azaña, Bartolomé Cossío, Sánchez Albornoz y Américo Castro por no citar sino a unos pocos fueron, con diversas matizaciones, europeístas fervorosos. Su recuerdo nos trae juntamente con sus enseñanzas, el tono y el contenido de lo que es y debe ser una España europea: Un gran proyecto de Estado que traiga definitivamente la modernidad a la sociedad española, estimulándola en todos los terrenos. Y que nos integre en ese ámbito natural de nuestra expansión y de nuestro progreso que se llama la Europa occidental.

Tales son, a mi modo de ver y en un esquema brevísimo, algunas de las condiciones esenciales de la Europa unificada del porvenir, es decir lo que yo propongo como «La Europa que queremos». En política, la voluntad de los hombres –de unos cuantos hombres– es la que modifica el curso de la historia. O Europa se organiza para los tiempos nuevos o se sumerge en la decadencia. Mi fe en el porvenir de Europa, sigue incólume, a pesar de las dificultades del proceso evocado. Es otra manera de decir que mi fe en el futuro de España sigue siendo inquebrantable.

BIBLIOGRAFÍA ESCOGIDA

Obras generales

BRUGMANS, Henry: *La idea europea, 1920-1970,* Madrid, 1972.

CARTOU, Louis: *Communautés Europeénnes,* 7 éme ed., París, Dalloz, 1982.

COUDENHOVE-KALARGI: *Paneuropa,* 1923.

DASTOLI, P. V., y PERUCCI, A.: *Verso una costituzione democratica per l'Europe,* Casale Monferrato, 1984.

DELMAS, Claude: *La civilisation européenne,* París, P.U.F., 1980 (Collection Que sais-je?).

DENIAU, Jean- François: *L'Europe interdite,* París, Seuil, 1977.

DENIAU, Jean-François, y DRUESNE, Gerard: *Le Marché Commun,* París, P.U.F., 1984 (Que sais-je?).

FROMENT-MAURICE, Henri: *Une puissance nommée Europe,* París, Julliard, 1984.

HALLSTEIN, Walter: *La Unificación de Europa. Antecedentes y problemas,* Buenos Aires, INTAL, BID, 1966.

HODGES, Michel: *European Integration.* Londres, Penguin, 1972.

LECERF, J.: *Histoire de l'unité européenne,* París, Gallimard (3 volúmenes).

LODGE, Juliet (ed.): *The European Community. Bibliographical Excursions,* Londres, Frances Printer, 1983.

MEDINA, Manuel (dir.): *Tratados fundacionales de la C.E.,* Madrid, C.S.I.C., 1976.

MONNET, Jean: *Mémoires,* París, Fayard, 1976. Edición española: Madrid, Club Siglo XXI, 1986.

NOEL, Emile: *Les rouages de l'Europe. Comment fonctionnent les institutions de la C.E.* (2 ed.), París, Nathan, 1979.

ORTEGA Y GASSET, José: *Meditación de Europa,* Madrid, Revista de Occidente, 1976.

PFLIMLIN, Pierre: *L'Europe Communautaire,* París, Plon, 1966.

PIGASSE, J. P.: *Le Bouclier de l'Europe,* París, 1984, Seghers.

PIRLOT, Jean: *Symphonie Europa,* París, Robert Laffont, 1984.

ROUGEMENT, Denis: *Tres milenios de Europa. La conciencia europea a través de los textos de Hesiodo a nuestros días,* Madrid, Revista de Occidente, 1963.

SIEMERS, J. P.: *European integration. Selected international bibliography of theses and dissertations. 1957-1980,* 2nd ed. The Hague, Martinus Nijhoff, 1981.

TRUYOL, Antonio: *La integración europea. Idea y realidad,* Madrid, Tecnos, 1972.

TSOUKALIS, L. (ed.): «The E.C. Past, Present and Future», en *Journal of Common Market Studies,* Oxford, 1982.

SCRIVENER, Christiane: *L'Europe une bataille pour l'avenir,* París, Plon, 1984.

SPINELLI, Altiero: *La mia battaglia per una Europa diversa,* Manduria, Lacaita editore, 1979.

VOYENNE, Bernard: *Histoire de l'idée européenne,* París, Presses d'Europe, 1976.

Cooperación política europea

ALDECOA, Francisco: *La Unión Europea y la reforma de la C.E.,* Madrid, Fundación IESA, 1985.

ALLEN, D.; RUMMEL, R., y WESSELS, W.: *European Political Cooperation,* Londres, Butterworth Scientific, 1982.

GONZÁLEZ SÁNCHEZ, Enrique: «La cooperación política europea», en *Boletín Movimiento Europeo,* número 3, marzo 1982.

MERLADET, José Félix: *Algunas reflexiones sobre la Cooperación Política Europea,* Escuela Diplomática (Memoria), Madrid, abril de 1985.

SCHOUTHEETE, Philippe de: *La coopération politique européenne,* Bruselas, Labor, 1981.

Instituciones europeas

Dix-huitième Rapport général sur l'activité des Communautés européennes, Bruselas-Luxemburgo, 1985.

BERNARD, N., *et al.*: *Le Comité Economique et Social,* Bruselas, 1972.

DÍEZ DE VELASCO: *Instituciones de Derecho Internacional Público,* Madrid, Tecnos.

ÍDEM: *El Tribunal de Justicia de la C.E.,* Madrid, Tecnos, 1984.

DRAETTA, U.: *La Commissione delle Comunità Europee,* Milán, 1974.

HOUBEN, P. H. J. M.: *Los Consejos de Ministros de las C.E.,* Madrid, Instituto de Estudios Políticos, 1969.

LODGE, Juliet (ed.): *Institutions and Policies of the European Community,* Londres, Frances Printer, 1983.

MANGAS MARTÍN, Araceli: *El Comité de Representantes Permanentes de las C.E.,* Madrid, Centro de Estudios Constitucionales, 1980.

MANZANARES, Henri: *El Parlamento Europeo,* Madrid, Instituto de Estudios Políticos, 1967.

MENAIS, G. P.: *La Banque Européenne d'Investissement,* París, Les Editions de l'Epagne, 1968.

ORSONI, Gilbert: *La Cour de Comptes des Communautés Européennes,* París, Económica, 1983.

PALMER, Michael: *The European Parliament,* Oxford, Pergamon, 1981.

SUBIRATS, J., y VILANOVA, P. (eds.): *El Parlamento Europeo,* Barcelona, Ariel, 1984.

VINCI, E.: *Il Parlamento Europeo,* Milán, 1968.

Derecho comunitario

CEREXHE, Etienne.: *Le droit européen. Les institutions Leuven,* Nauwelaerts, 1979.

COMISIÓN DE LAS COMUNIDADES EUROPEAS: *Treinta años de derecho comunitario,* Luxemburgo, Oficina de publicaciones de las C.E., 1981.

CONSEJO GENERAL DEL PODER JUDICIAL: *Iniciación al estudio del derecho comunitario,* Madrid, 1984.

CONSTANTINESCO, L. J.: *Das Recht der Europäischen Gemeinschaften,* Baden-Baden, 1977.

KAPTEYN, P. J. G., y VERLOREN VAN THEMAAT, P.: *Introduction to the Law of the European communities,* Londres, 1973.

LOUIS, Jean-Victor: *El ordenamiento jurídico comunitario,* Luxemburgo, Oficina de las publicaciones oficiales de las C.E., 1980.

MANGAS MARTÍN, Araceli: *Derecho comunitario europeo y Derecho español,* Madrid, Tecnos, 1986.

MEGRET, J.: *Le droit de la C.E.E.* (varios volúmenes), Bruselas. Editions de l'Université, 1973.

MUÑOZ MACHADO, Santiago: *El Estado, el Derecho interno y la C.E.,* Madrid, Civitas, 1986.

PESCATORE, Pierre: *Derecho de la integración,* Buenos Aires, 1973.

Diversas políticas de la C.E.

COLLINS, Doreen: *The operation of the European Social Fund,* Londres, Crom Hell, 1983.

MINISTERIO DE CULTURA: *Políticas de juventud en Europa,* Madrid, 1984.

ANASCO: *Regulaciones de la C.E.E. en materia pesquera. Documentos de trabajo,* Madrid, Asociación Nacional de Armadores de Sociedades Conjuntas, 1983.

CONSTANTINIDES-MEGRET, C.: *La politique agricole commune en question,* París, A. Pendone, 1982.

RIES, Adrient: *El ABC del Mercado Común Agrícola,* Madrid, Mundi-Prensa, 1982.

HABSBOURG, Otto de: *Les transports et l'Europe,* Lausana, Centre de Recherches Europeennes, 1969.

POELMANS, Jacqueline: *L'Europe et les consommateurs,* Bruselas. Labor, 1978.

VAULONT, Nikolaus: *La Unión aduanera de la C.E.E.,* Oficina de las Publicaciones de la C.E., 1980.

BARON, Frédéric: *Le Fond Europeen de Developpement,* París, P.U.F., 1981 (Que sais-je?).

PISANI, Edgar: *La main et l'outil. Le developpement du Tiers-Monde et l'Europe,* París. Robert Laffont, 1984.

LEROY, Oliver: *La politique de l'environnement de la C.E.E. dans les années 80,* Bruselas, Agence Europeenne d'Informations, 1983 (Dossiers de l'Europe, n.º 5, 1983).

ALTING VON GEUSAU, F. A. M.: *The External Relations of the European Community,* Westmead, 1977.

BUYSSE, Didier: *L'étargissement de la C.E.E. à l'Espagne et au Portugal,* Bruselas, Agence Europeenne d'Informations, 1984.

FLAEXCH-MOUGIN, Catherine: *Les accords externes de la CEE. Essai d'une typologie,* Bruselas, Universidad Libre, 1979.

NATALI, Lorenzo: *La politica mediterranea della Communità allargata,* Milán, Euroestudio, 1981.

PÉREZ LINDO, Augusto: *L'Amerique Latine et la C.E. Contextes économiques et sociaux. Données et references,* Bruselas, Universidad Libre, 1983.

BALASSA, Bela ed.: *European economic integration,* Amsterdam, North-Holland P. C., 1975.

BANCO EXTERIOR DE ESPAÑA: *La economía de la C.E.E.,* Madrid, 1979.

CÍRCULO DE EMPRESARIOS: *Aspectos económico-financieros sociales y políticos de la Europa de 1990,* Madrid, 1978.

FRANZMEYER, Fritz. *Approaches to Industrial Policy within the EC and its impact on European Integration,* Aldershot, Gower, 1982.

INSTITUT SYNDICAL EUROPÉEN: *La Politique industrielle en Europe Occidentale,* Bruselas, 1981.

MERRIT, Giles: *Innovation industrielle: Guide pratique des ac-*

tions, services et aides financières de la communauté, Bruselas, Agence Europe, 1983.

PELKMANS, J.: *Market integration in the E.C.,* The Hague, 1984.

SHAPIRA, Jan: *Droit européen des affaires,* París, P.U.F., 1984.

STRASSER, Daniel: *Les finances de l'Europe,* P.U.F., 1975.

CENTRE FOR THE STUDY OF PUBLIC POLICY. STRATHCLYDE: *European Regional Incentives,* Glasgow, Yuill & Allen, 1981.

DÍAZ LÓPEZ, César: *Galicia: Autonomías e integración europea,* Madrid, 1984.

GRANELL, Francesc.: *Las Comunidades Autónomas ante la adhesión de España a la C.E.,* Santander, Universidad Internacional Menéndez Pelayo, 1984.

GENERALITAT DE CATALUNYA: *La Integración de España en las C.E. y las competencias de las Comunidades Autónomas,* Barcelona, 1985.

GOBIERNO VASCO: *Euskadi en la C.E.E.,* Vitoria, 1984.

HERAUD, Guy: *L'Europe des ethnies,* Presses d'Europe, 1963.

ILLESCAS, Rafael: *Andalucía y la CEE,* Sevilla, Instituto de Desarrollo Regional, 1981.

MUSTO, Stefen: *Las Islas Canarias y la CE,* Santa Cruz de Tenerife, Cámara de Comercio, Industria y Navegación, 1981.

MINISTERIO DE ECONOMÍA Y HACIENDA: *Los incentivos regionales en Europa y España,* Madrid.

ROUGEMENT, Denis, *et al.: Naissance de l'Europe des Regions,* Ginebra, 1967-78.

SEERS, Dudley: *The crisis of the European Regions,* Londres, 1983.

TORRES MURILLO, José Luis: *La Europa de las Autonomías,* Caja de Ahorros de Guipúzcoa, 1985.

VANHOVE, Norbert: *Regional Policy.* An European approach, Westmead Saxon House, 1980.

Relaciones España-CEE

ALONSO MADERO, Antonio: *España en la CEE,* 1985.

BUENO CAMPOS, E. (dir.): *La empresa española ante la CEE,* 1984.

BUSTURIA, Daniel, *et al.*: *Aspectos agrícolas de la integración en la CEE,* Madrid, Los libros de Centro, 1982.

CAMILLERI, Arturo (dir.): *La Agricultura española en la CEE,* Madrid, Instituto de Estudios Económicos.

INSTITUTO DE ESTUDIOS ECONÓMICOS: *El sector agroalimentario ante la CEE,* Madrid, 1980.

LÓPEZ VEIGA, E.: *El Proceso de la adhesión española a la CEE. Perspectivas desde la pesca,* Madrid, Alianza Popular, 1983.

MINISTERIO DE ASUNTOS EXTERIORES Y CONSEJO SUPERIOR DE CÁMARAS DE COMERCIO, INDUSTRIA Y NAVEGACIÓN DE ESPAÑA: *Las negociaciones para la adhesión de España a las C.E,* Madrid, 1985.

NOELKE, Michael: *L'industrie espagnole face à la CEE: l'impact de l'adhesion.* Bruselas, European Research Associates, 1979.

TAMAMES, Ramón: *El Mercado Común Europeo. Una perspectiva española y latinoamericana,* Madrid, Alianza Editorial, 1982.

Varios

BUSTURIA, Daniel, *et al.*: *Diccionario Terminológico de la C.E.* Madrid, Asociación para Progreso de la Dirección, 1981.

DELTA: *Annuaire des Communautés Européennes et des autres organisations européennes,* 6.ª ed., Bruselas, Delta, 1985.

GIDE: *Dictionnaire du Marché Commun,* París, Joly, 1980.

VEVER, Bruno: *Guide pratique de l'entreprise dans la communauté européenne,* París, Editions et services techniques professionnels, 1984.

WALLACE, Helen, *et al.*: *Policy-Making in the E.C.,* Chichester, John Wiley & Sons, 1983.

WILLIAMS, Michael (ed.): *Directory of trade unions in the EEC,* Londres, Graham, 1978.